JN092831

SEINENKOUKENSEIDOJITSUMUKENKYUKAI
成年後見制度実務研究会 著

NAGAOKA Shinya
長岡真也 監

秀和システム

はじめに

本書は、成年後見制度という仕組みについてまとめている書籍です。成年後見制度は、言うなれば、認知症などになって判断能力がなくなったあとでも、後見人という存在が生活をサポートしてくれる制度です。

一般的に、成年後見制度を聞いたことはあっても、詳しく知らないという方々は少なくありません。ですが、一説によると、2025年には認知症を患う高齢者が国内で700万人を超えると考えられており、実に65歳以上の5人に1人が認知症になると予想されています。そうなると、日常生活に関するさまざまな手続きやお金の管理などでのトラブルが増えてしまうことが懸念されています。

また、自分で自分のことを判断できなくなった状態で、誰にも頼らず生活をしようとすると高齢者を狙った悪質な犯罪や詐欺事件のターゲットにされてしまう恐れもあります。

しかし成年後見制度によって、後見人に支えられることで、トラブルを回避し、犯罪や事件に巻き込まれず、自分らしさのある生活を安心して過ごすことができている人が多くいます。

本書は成年後見制度の入門書として位置づけ、制度の現状から利用の仕方までの概説を網羅できるような構成になっています。利用する本人、利用を検討する家族それぞれのハンドブックとしてご活用ください。

2023年9月

成年後見制度実務研究会
行政書士　長岡真也

図解ポケット 成年後見制度がよくわかる本

CONTENTS

CHAPTER 3　任意後見だけでカバーできないことは？

CHAPTER 4 家族に法定後見を申しこんでもらうには？

CHAPTER 5 成年後見でトラブルにならないために

MEMO

認知症800万人時代と成年後見制度

認知症を発症する人口が拡大するとともに、成年後見制度への注目が高まっています。本章は序章として、誰もが安心して暮らすために、いまどんな準備が必要なのかについて見ていきます。

認知症800万人時代が迫っている

日本の平均寿命は高まり続けているほか、シニア層の認知症発症数が増加することが見込まれています。

1 高齢者になると1人では生きにくい

日本は、男女ともに平均寿命は80歳を超えており、世界でも有数の長寿国として知られています。どんな人でも年齢を重ねてやがては老いていくものですが、加齢による身体や知力面の変化により、ひとりで生活することが難しくなってきます。つまり、誰かの支えがなければ生活できないという状況は、誰にでも訪れるのです。

2 5人に1人が認知症になる時代に

高齢になると、さまざまな病気リスクが高まりますが、昨今特に話題になっているのが**認知症**。厚生労働省によると、近く認知症患者が予備軍を含めると800万人に至る見込みであるとされ、65歳以上の5人に1人が認知症になるという現実が待ち構えています。

認知症を発症すると、記憶力など生活に欠かせない能力に著しい異変が起き、いまの生活を手放さなければいけなくなることもあります。また1人で生活できなくなりますので、家族にとっても介護という問題が突きつけられるのです。

FIGURE 1 平均寿命の推移（1980年～2022年）

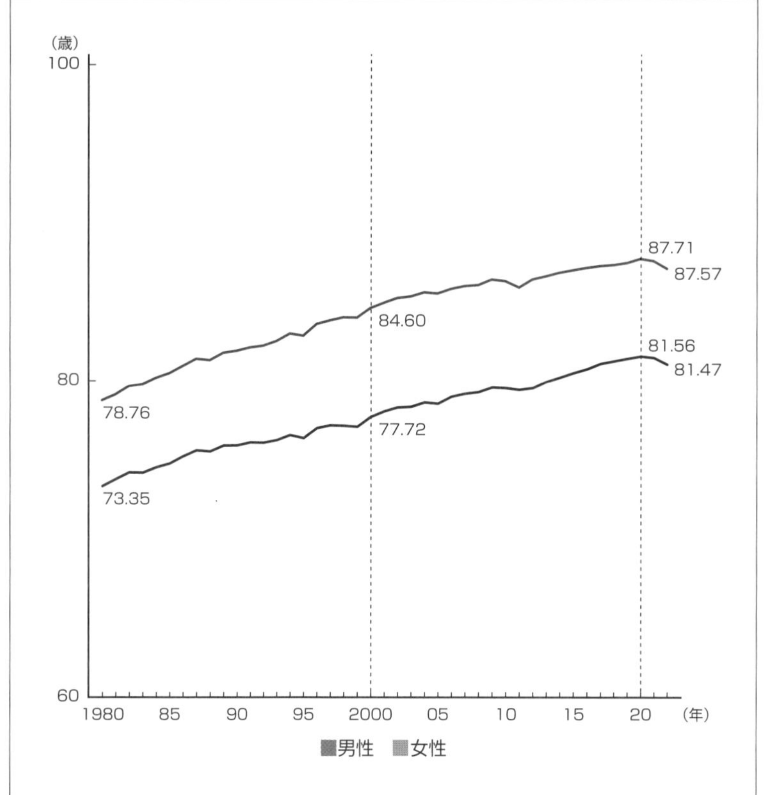

出典：厚生労働省「令和4年簡易生命表」

老いを支える家族の葛藤

戦前に比べ多様な価値観の中で生きてきた現在のシニア層の高齢化には、家族がどう支えていくかという問題も潜んでいます。

1 自由を謳歌してきた現在のシニア層

昭和世代が中心である現在のシニア層は、戦前と比べ、自由な生活を謳歌できる時代を生きてきました。好きな食べ物を食べ、好きな趣味を持ち、暮らしたい場所に暮らす。恋愛も自由で、人生という絵画に好みやこだわりを描きやすかった時代です。いくら年老いたからといって、こうした趣味嗜好、価値観を捨てて生きることは簡単ではありません。それは当然家族もわかっているはずです。

2 支える家族と本人それぞれの気持ち

認知症をはじめ、自分で生活できなくなった際に、まず高齢者を支えていくのは家族になります。親の趣味嗜好、価値観をできるだけ大切にしてあげたいという思いもあるでしょう。ところが家族とはいえ、現在は夫婦共働きの家庭も珍しくありませんし、親元から離れて暮らすというケースも多くあります。また、高齢者本人に、「子供に苦労をかけたくない」という気持ちが働くこともあります。

特に高齢者当人の財産に関することについては、法律の兼ね合いもあり、家族が代行手続きをするのが難しいケースもあります。やりようによっては家族間トラブルを生むことなりかねないのです。

自分の財産を守り家族が安心するためには？

日常生活を行う上で必要な手続きやサポートをする成年後見制度。家族のみで支えるよりも負担が少なくなります。

1 家族が代行手続きできないことも多い

高齢者の生活を家族が支えようとすると、さまざまな問題に直面することになります。例えば、銀行の手続き。本人が元気であればまだしも、認知症などの病気になったり、自由に移動できない身体になってしまうと、家族が代理で手続きに動くことになります。しかし、**個人情報保護法**のもとで高齢者の口座などの情報が強く守られていますので、本人確認ひとつ行うにも問題が出てくるのです。

2 成年後見制度で高齢者の生活を支える

そこで高齢者の生活を支えるために制定されたのが、成年後見制度です。詳しくは本書1章以降で説明をしていきますが、簡単にいうと、**知的障害**、**精神障害**、認知症などによって、自分だけで日常生活に関することを決められなくなる不安や心配のある人が、諸契約や手続をサポートしてもらう制度です。

この制度を活用することで、「自分の老後を家族以外の誰かに頼みたい」という高齢者本人の要望や、「自分たちに代わって親の困りごとに対応してほしい」という家族の希望が、ともに叶いやすくなっているのです。

成年後見制度の申立数と利用者数はどれくらい？

申立件数と利用者数はともに増加傾向にありますが、認知症高齢者などの総数と比べて、まだ利用しきれていないといえます。

1 成年後見制度は活用しきれていない？

成年後見制度の申立件数は、この2年は増加傾向にありましたが、2022年にはでは0.2%の減少に転じています。これは**任意後見監督人**（52ページ参照）を選任するための申立件数が、前年より約12.1%に増えているからだと考えられます。

2 これからの積極活用への期待

また成年後見制度の利用者数は増え続けており、2022年12月時点で24万5000人を突破しています。しかし認知症を患う高齢者や知的障害者、精神障害者の推計数と比べると少ないことがわかっています。つまり、成年後見制度はまだ積極的に利用されていない、「もったいない」状況だといえます。とはいえ現段階で成年後見制度への問い合わせ数は増えているほか、より利用しやすくなるような法改正も経ていますので、今後は積極活用されていくことが期待されています。

成年後見制度の利用者数の推移

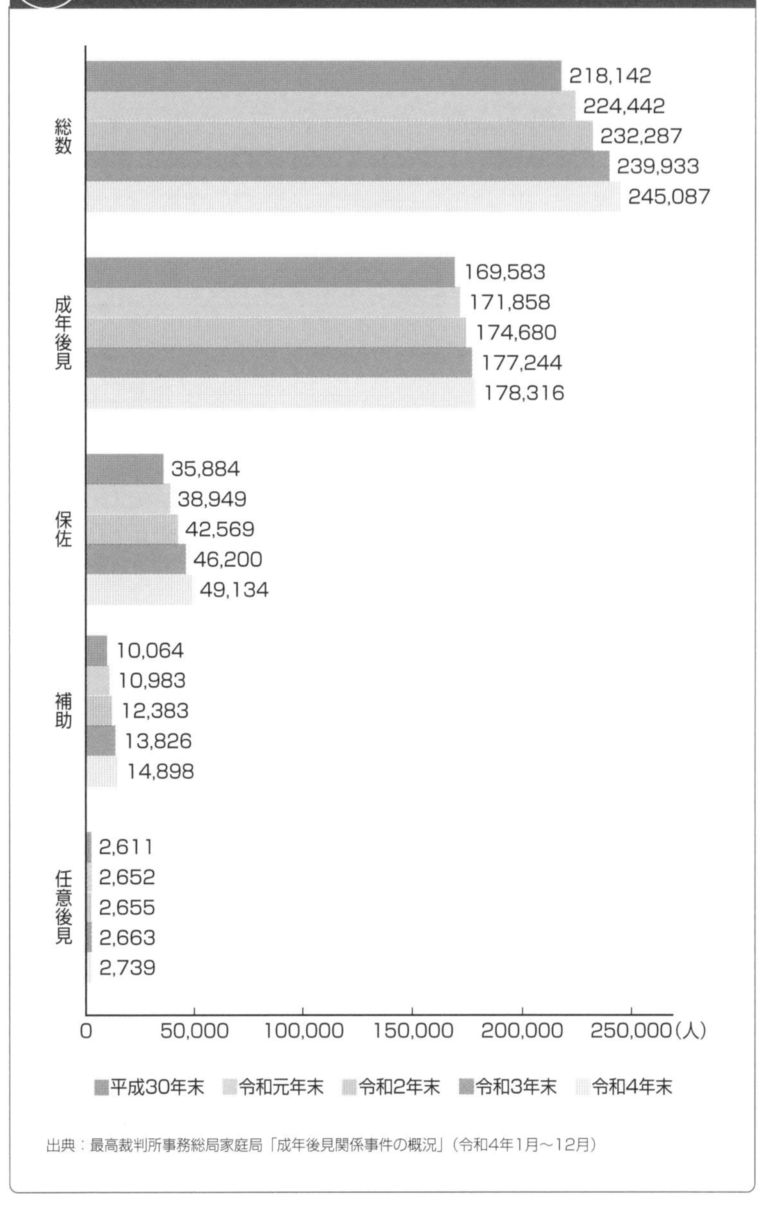

出典：最高裁判所事務総局家庭局「成年後見関係事件の概況」（令和4年1月～12月）

前身の制度を改正して成年後見制度へ

成年後見制度の前身である禁治産制度は、本人や配偶者の保護の観点などから見直され、2000年に現行の制度になりました。

1 成年後見制度の前身となった禁治産制度

成年後見制度は1999年12月8日に民法改正がなされ、2000年4月1日に施行された制度ですが、前身となる制度がありました。それが禁治産制度です。**禁治産者**とは「財産を治めることを禁じられた者」という意味で、精神障害や知的障害による心神喪失状態にあり、利害関係人の申立てをもとに家庭裁判所が禁治産宣告をした人のことを指します。ただし、その呼称は問題視されていました。

2 禁治産制度の特徴は？

禁治産者宣告を受けた人には後見人がつけられることになり、自分で契約などの法律行為をすることができなくなりました。また、禁治産者が行った法律行為ほか、日用品の購入、相続の承認や放棄、**遺産分割**なども取り消すことができました。配偶者がいる場合は配偶者が後見人になりましたが、いない場合は家庭裁判所が後見人を選任していました。

この禁治産制度は、本人や配偶者の尊厳や意思をより尊重できるようにするため、さまざまな改正をなされて成年後見制度へと生まれ変わりました。

これからの成年後見制度のゆくえ

現行の制度をより高齢者本人や家族にとって使いやすいものにするため、有識者会議などを経て法改正の動きが出ています。

1 制度の改善案が期待されている

成年後見制度は、発足して以降、有識者会議などを通じてよりよい制度整備のための議論が行われてきました。そして現在、2026年までに民法などの改正法案を国会提出することで、さらなる改善を実現しようという動きが広がっています。この改善案が進むことで、より高齢者本人の希望に即したサポートを得られるとともに、家族の経済的負担も軽減されることが期待されています。

《現状の課題点》

①後見制度を利用し始めると途中でやめられない

②後見人が途中で代わることが難しい

《現在指摘されている改善案》

①本人にとって必要な時期に必要な範囲と期間で利用できるようにすべき。それにより家族の費用負担も軽減できる。

②期限を定めて更新制度にすべき。財産の状況や本人の健康状態をかんがみて利用継続を決められるので、家族の費用負担も軽減することができる。

早めに成年後見制度を知っておこう

健康な生活が突然崩れても困らないよう、また悪徳商法などに騙されないよう、できるだけ正しく準備をしておきたいものです。

1 犯罪や悪徳商法の対策も必要

健康寿命が延びている現代ではありますが、いままで元気だった人が突然倒れてしまったり、急に認知症の症状が出てきたりと、家族が対応に困るケースは枚挙にいとまがありません。また、家族・親族がいない場合の財産管理なども問題になっています。

特に昨今問題になっているのが、ただでさえ高齢者ひとりで生活が困難になっているところに、弱みに付けこむ詐欺や悪徳商法といった悪質な犯罪も増えていること。高齢者は特に狙われやすいので注意が必要です。

2 正しく理解し上手に活用する

近い将来期待されている法改正までは若干時間がありますが、大事なのは制度を正しく理解して、上手に活用するポイントを踏まえておくことです。それによって、トラブルや困りごとを遠ざけることができるはずです。

成年後見制度を上手に活用することによって、本人も家族も困りごとが少ない生活を手に入れられるよう、ぜひいまから準備を進めておきましょう。次章以降から、より詳しく解説していきます。

成年後見とはどんな制度？

成年後見制度は、認知症などの発症により、自己判断が困難になった高齢者を守るための制度です。財産、生活など判断機能が低下することによるリスクを軽減します。

判断能力の低下がずっと続くリスク

日常生活に必要な判断能力が低下すると、毎日の暮らしや仕事に大きな支障が出て、生活を支えられなくなります。

1 人は1日3万5000回の決断をする

ケンブリッジ大学のバーバラ・サハキアン教授の研究によると、人は1日に最大3万5000回もの回数で、何かしらの決断をしていると考えられています。人生とは、いわばこの決断の積み重ねであるともいえるでしょう。

2 決断できなければ行動に起こせない

もし決断や判断ができなくなったら、日常は著しく変化するはずです。仕事が進まず、店で買う品物を決められず、友人や家族と遊びに行くための行動にも移せません。物事を判断する能力は、人が日常の行動を起こすために必要不可欠なものです。

3 常に判断能力が低下していると危険

一般的に疲労や感情の動きによって判断能力は上下するもので、「疲れているときに間違った判断をした」ということは起きやすくあります。この判断能力がいつまでも低下したままでいる状態は生活をする上で大変危険な状態ですが、認知症、知的障害、精神障害などの場合は、判断能力が低い状態が続いていることになります。

FIGURE 3

判断能力低下の危険性

判断能力とは？

自分にとって良いことか悪いことか、得か損かを判断する能力

例）この商品を買うのは自分にとって必要なことか？
　　この方法をとると予想外の出費になるのではないか？
　　この方法は皆がいいと言っているが、自分が好きなことか？

判断能力が正常な人は

自分にとって最適な方法と思える選択肢を選ぶ

▼

自分で物事を選択して実行に移す

▼

判断・決断が積み重なって経験となり、自分らしい人生を彩る

判断能力に問題がある人は

自分にとって最適な方法と思える選択肢を選べない

▼

誤った判断をしてしまう

▼

他の人の都合に振り回されたり、騙されたりする

▼

自分らしさを失うとともに、生活を脅かされる危険が出てくる

家族もあなたの財産を動かせない？

すべての財産には名義がついていますが、この名義はあくまで個人単位でしかありません。共同での名義は存在できません。

1 すべての財産には名義がついている

日常生活を送るために、お金は不可欠なものです。個人が自分の目的ために使えるお金は財産に含まれます。財産には大小ありますが、預貯金や不動産、証券など経済的な価値を持った財産にはすべて持ち主の名前（名義）がついています。

2 名義は個人単位でつくもの

名義は個人単位であり、別の人と共有することはできません。例えば、預金を夫婦単位でひとつの名義にするというのは不可能で、「夫の名義の口座」「妻の名義の口座」というふうに必ず分けられることになります。もちろん夫婦の間での取り決めで、口座にある預金額をともに自由に使うと決めることはできますが、お金の出どころとしては名義人単位になります。

3 名義人以外は、家族でも他人扱い

特に金融機関での手続きや不動産取引などにおいては、名義を重要視します。名義がなければ、故人の大切な財産を他の人が勝手に使ったり奪ったりできるからです。夫の口座に1000万円の預金があり、妻が「共有財産です」と主張しても、窓口の担当者にはその申し出が本当か嘘かはわかりません。たとえ家族であっても、名義

人以外はすべて他人として扱われるのです。

4 名義が違うために財産が動かせない？

もしこの夫が急な病気で倒れて要介護者になってしまい、医療や介護のためにお金を引き出さなければいけなくなったら、どうなるでしょうか。銀行の窓口で本人以外の手続きはできないと断られると、妻は財産が引き出せなくなってしまいます。このようなケースで困らないための制度として成年後見制度は役立つのです。

FIGURE 4 財産と名義

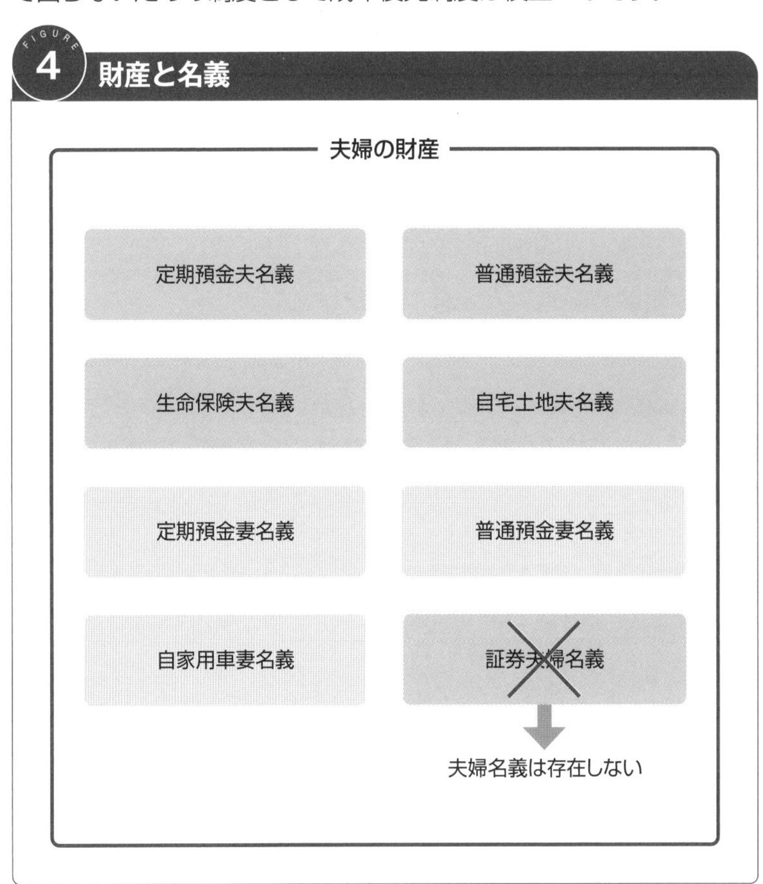

成年後見で管理できる財産とは？

成年後見制度で法律行為の代理をお願いする第三者が成年後見人です。誰でも法律行為の代理を行うことはできません。

1 法律行為とは？

個人の財産を第三者が動かすためには、必要な手続きを踏まなくてはいけません。例えば、行政への各種申請、携帯電話など生活インフラとなるサービスの申し込み、または車や不動産の売買などです。年齢を重ねれば、ここに医療や介護、年金、相続といったものも加わってきます。これらの手続きを**法律行為**といいます。

2 判断能力が低いと法律行為が行えない

例えば契約ひとつとっても、本来は、本人と相手が直接結ぶものですが、認知症患者など本人の判断能力が低下している場合は、契約自体は難しくなるため、第三者に法律行為の代理をお願いする必要が出てきます。

3 成年後見制度の成年後見人

高齢になればなるほど、財産を適切に管理する第三者の代理が必要になる局面が増えますが、その代理を適切に行ってもらうために成年後見制度で指定される成年後見人が必要なのです。

FIGURE 5 本人ができる手続き・できない手続き

本人のみができる手続き（一部例）

各種金融機関

- 10万円を超える現金の振り込み
- 50万円を超える引き出し（※キャッシュカード種別により異なる）
- キャッシュカードを持参していないとき、暗証番号がわからないときの対応申請
- 定期預金口座などの解約、新規口座の開設など
- 引き出し限度額の変更など

保険・年金ほか

- 保険の契約者変更
- 満期になった保険金や個人年金で解約返戻金を請求したり受け取ること
- 国民年金、厚生年金、障害年金を受け取ること
- 不動産ほか名義のある私財を売却すること

判断能力が低下することで実行できなくなる手続き（一部例）

各種金融機関

- 銀行での預金の引き出しや振り込み
- 定期預金の解約

保険・年金ほか

- 介護保険の申請や介護サービスへの申し込みをすること
- 入院手続き、病院への各種支払い、入院中の生活サービスの申し込みをすること
- 不動産（高齢者住宅などを含む）の契約や支払いをすること
- 還付金、年金、税金などの申告や各種手続きをすること
- 不動産ほか名義のある私財を売却すること
- 遺産分割や名義変更の手続き

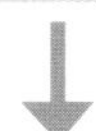

成年後見人によるサポートが必要となる

本人の尊厳を守る後見人

後見人が最も大切にするべきは、本人の個性や価値観をしっかりと理解し、心の豊かさを感じられる生活をしてもらうこと。

1 本人の代理を法律的に行う後見人

認知症などで判断能力が低下した場合、**事実行為**（食事・入浴介助、清掃など）は家族が協力しあってサポートできるかもしれません。しかし金融機関等の手続きなど法律行為については、法律的に本人の代理となる人（後見人）でなくては行えません。その後見人による支援を定めた制度が成年後見制度です。

つまり、成年後見制度とは、判断能力が低下した人に後見人をつけ、適切に財産管理を行ったり、生活を組み立て直したりするなど、本人の意思や状況を汲み取りながら生活を安定させていくためのものなのです。

2 本人の尊厳を守るのが後見人の役割

自分ひとりで生活ができなくなったからといって、ただ生命を維持するだけの生活を行えばいいというものではありません。住まいを快適に整えたり、好きなものを食べたり、好きなところへ出かけるなど、本人の尊厳を尊重することが大切です。つまり後見人は、本人の個性や価値観をしっかりと理解し、心の豊かさを感じられる生活を支援する人といえるのです。

認知症等の高齢者の消費生活相談件数の推移

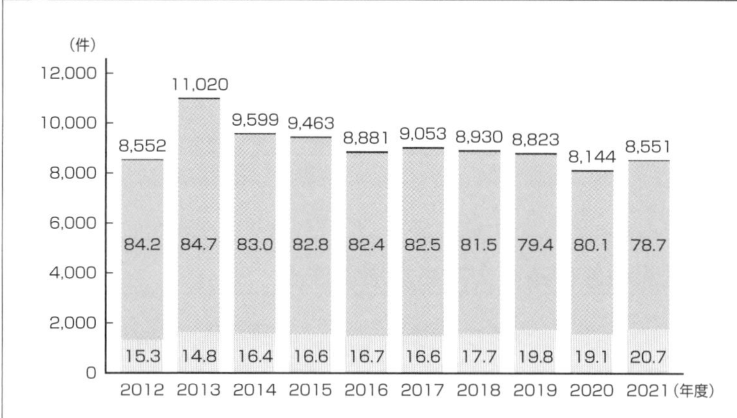

出典：消費者庁「令和4年版消費者白書」

消費生活相談の販売購入形態割合（令和3年度）

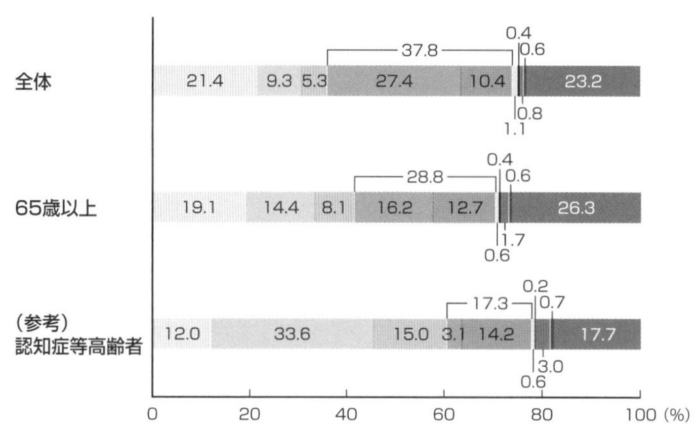

出典：消費者庁「令和4年版消費者白書」

後見人は誰のために存在する？

判断能力の度合いに限らず、成年後見制度は広く利用できます。後見人は、３つの理念に沿って本人を支えます。

1 判断能力のある人でも利用できる

成年後見制度は、認知症が重度であったり、植物状態になるなど、完全に意思疎通ができない場合にのみ利用するものと思われがちですが、そうではありません。認知能力に少し自信がなくなってきた人でも、現在病気はなく判断能力がしっかりしている人でも、この先の安心を確保するために一部制度を利用することができます。

また後見人は個人単位でつけられますので、任意後見では夫婦それぞれに後見人をつけたり、法定後見では夫婦で同じ後見人をつけるというケースもあります。

2 後見人が守る3つの理念

判断能力が低下した人から依頼された後見人は、本人の生き方や価値観に合わせて生活設計を担うことになります。このとき、後見人は成年後見制度における3つの理念にしたがって行動します（右図参照）。この3つの理念によって、判断能力の低下度合いと併せて、どのように本人の医師を尊重し、どれだけ後見人の介入を必要最小限に抑えるかを考えていくことになります。ですから後見人は、本人の話を聞かず勝手に物事を進めてはいけないとされています。

FIGURE 8

成年後見制度の3つの理念

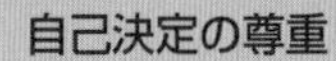

身上の監護の重視

ノーマライゼーション

①自己決定の尊重

自分の人生を自分で決めるという原則に基づき、現時点での本人の能力を最大限活用する。そのうえで不十分である部分を支援する。

②身上の監護の重視

財産管理だけでなく、本人の立場に沿った生活や財産保護の計画を考えながら支援する。

③ノーマライゼーション

判断能力の低下によって社会から切り離されるのではなく、今までと同様に同じ地域で暮らせるように支援する。

法定後見と任意後見の違いは？

成年後見制度には主に２種類の方法があります。それぞれ、本人の判断能力の程度によって、申立方法などが異なります。

1 判断能力が低下した人には法定後見

成年後見の仕組みには、大きく分けて法定後見と任意後見という2つの種類があります。法定後見はすでに判断能力が低下した人を対象にした方法です。自分だけでお金の管理や各種手続きを行うのが難しい人に対して後見人がサポートします。法定後見の申請は、本人に近しい家族（配偶者、子供、親、兄弟姉妹など）が家庭裁判所に申立手続を行い、家庭裁判所の審判によって後見人が決まります。後見人の候補者を指定したり推薦したりすることもできますが、必ずしもその人に決まるとは限りません。

2 将来の予防のための任意後見

任意後見は、まだ判断能力が低下していない人が、認知症などになる場合に備えて、自分で後見人（任意後見人）を選び、先に支援体制を確保しておく方法です。法定後見とは異なり、まだ自分で判断ができますので、あくまでも選んだ相手との契約となります。契約自体は**公証役場**で行い、判断能力が低下した時点で、家庭裁判所で所定の手続きを行います。その際、後見人が適切に役割を果たせているかを見届けるため、任意後見監督人が家庭裁判所によって選ばれます。

FIGURE 9 任意後見と法定後見の違い

	法定後見	任意後見
支援を引き受ける人	成年後見人、保佐人、代理人	任意後見受任者
選任方法	家庭裁判所が選出	本人が選出
対象	すでに判断能力が低下している人	まだ判断能力が維持できている人
依頼要因	認知症や知的障害、精神障害などが発生しているため	将来を見据えて支援が必要になったときの予防のため
手続き	本人に近い家族が家庭裁判所に申立てる	本人が候補者と契約をする
後見業務の開始時期	裁判所の選出により後見人が決まり次第	契約後、本人の判断能力低下が認められ、任意後見監督人が選ばれ次第

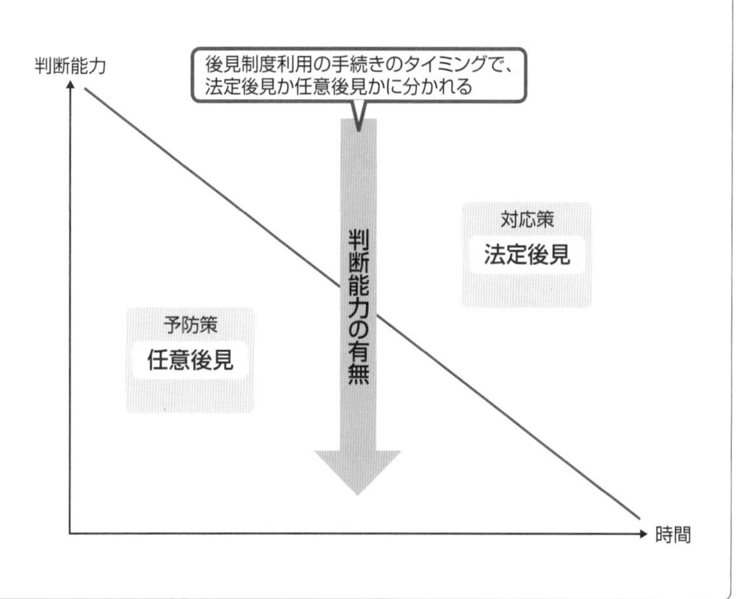

家族も後見人になれるの？

家族を後見人にするケースもありますが、家族の負担を減らすという目的からいえば、専門家に依頼したほうがよいでしょう。

1 後見人の母体はさまざま

多くの場合、**行政書士**や**弁護士**、**司法書士**など専門家が後見人になり、**社会福祉協議会**や**NPO団体**などの法人や市民後見人*が後見人になる場合もあります。また、家族が後見人になることもあります。家族の場合、**親族後見人**と呼びます。法定後見の場合は、家庭裁判所が後見人を選びますので、必ずしも家族になってもらえるとは限りません。本人の状態や財産などの状況を総合的に見て誰が適任者かを判断するからです。

2 家族の負荷軽減を前提に考える

家族を後見人にしたい場合、任意後見制度であれば事前に協議の上、指名することもできなくはありません。しかし、家族の負担などを軽減するために任意後見制度を使うとすれば、目的には合致しないといえます。実際、親族の成年後見人はだんだん減少しており、近年は全体の2割程度です。やはり専門家に依頼するのが得策といえます。また、後見人との相性も重要ですので、契約を結んでも本人に判断能力があるうちにどうしても相性が合わなそうだと感じた場合は、公証役場を通じて任意後見契約を解除しましょう。

＊**市民後見人**　近年、より身近な立場で後見活動を行えるよう、市民後見人が登場するケースも増えています。希望者が自治体による研修や試験、実習を経て市民後見人となり、社会福祉協議会などの法人後見人の一員として活動していきます。

FIGURE 10 成年後見制度の仕組み

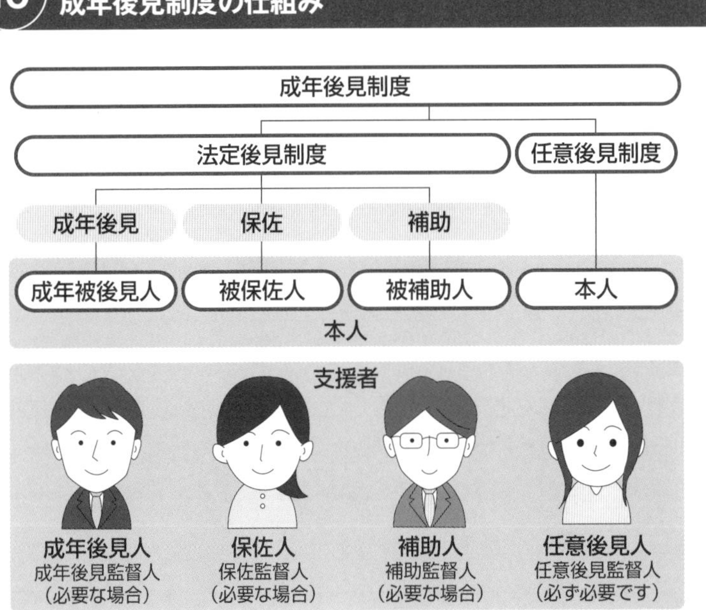

FIGURE 11 成年後見人と本人の関係

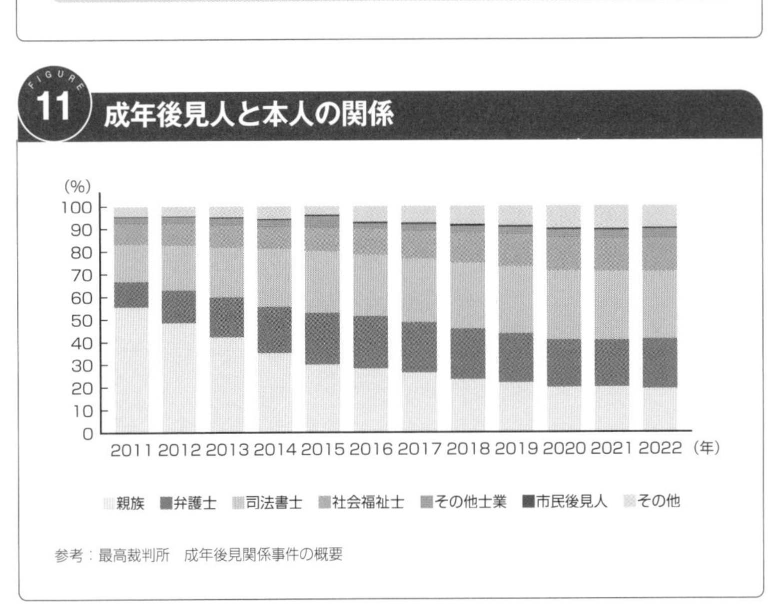

参考：最高裁判所　成年後見関係事件の概要

後見人になれる資格があるのは？

後見人には特別な資格は必要ありませんが、誰でもなれるわけではありません。また、欠格事由を持つ人は後見人になれません。

1 後見人になれない欠格事由

後見人になるための特別な資格はありません。ただし、**欠格事由**を持っている人は後見人になることができません。欠格事由を持った人は、もし後見人になったあとでも後見人でいることはできなくなります。また、家庭裁判所が後見人を選任するとき、さまざまな項目において関係性をチェックします。

2 避けた方がいい利害関係者

利害関係については、例えば本人の遺産を相続する相続人が後見人としてつくことで、後見人と相続人の立場が重なってしまうような場合です。ほかにも、本人が通う介護施設の職員など、本人を支援している環境にいる人は利害関係ありと見なされるケースが多くあります。利害関係が認められる場合は、後見監督人をつけるか、家庭裁判所に申立てて**特別代理人**を選任してもらう必要があります。特別代理人は、ある特定の件に関してのみ本人の代理が出るというもの。つまり、「相続に関しては特別代理人にお願いし、その他では子どもが後見人になる」ということもありえます。

3 一度後見人がつくと死亡時まで継続

CHAPTER 0で民法改正の動きがあると書きましたが、2023年時点では、1度後見人がつくと、本人が亡くなるまで後見活動が継続される仕組みになっています。預金の解約や施設入所手続きなどを終え、後見人の対応業務が落ち着いても、本人の判断能力が回復しない限りは後見人がつき続けることになります。

FIGURE 12 こんな場合は後見人になれない

後見人になれない欠格事由

- 未成年である人
- 家庭裁判所から解任された後見人など
- 破産者で復権していない人
- 本人に対し訴訟を起こしたことがある人およびその配偶者、親子など
- 現在行方不明になっている人

その他不適格と思われる事由（任意後見契約の場合）

- 不正行為や不行跡が認められる人
- 任意後見人の任務に適していない理由がある人

FIGURE 13 家庭裁判所が後見人を選任する際にチェックするポイント

- 本人の心身の状態はどうか？（判断能力の有無はどの程度か）
- 本人の生活状況はどのようなものか？
- 本人の財産状況はどのようなものか？
- 後見人候補者の職業や経歴はどのようなものか？
- 本人と後見人候補との利害関係はあるか？
- 本人の意見はどうか？

など

成年後見で気を付けたいこと

成年後見制度は万能なものではなく、メリットもあればデメリットもあります。その両方をよく把握してくことが大切です。

1 後見人に資産運用などは頼めない

成年後見制度は、本人の生活を支え、家族の負担軽減に一役買う制度ではありますが、必ずしも万能であるわけではありません。あくまでも、本人の個性や価値観を尊重する生活を守るだけであり、資産運用や生命保険に関するライフプランニング、**生前贈与**の手伝いなどは頼めません。資産運用には元本毀損のリスクもありますし、そもそも相続人に多くの財産を残す手助けは、後見人の役割に含まれていないのです。ほかにも右ページのように、後見人をつけることによって、いままで可能だったことができなくなるというケースもありますので注意が必要です。

2 後見人への報酬も視野に入れる

一度後見人がついた場合は、本人死亡まで継続されますので、後見人への報酬も発生し続けます。その点をしっかりと計算しておくことが必要です。

また、任意後見と法定後見の優先順位としては、任意後見が優先され、このとき任意後見監督人が選任されます。この監督人にも報酬が発生します。

成年後見制度でできないこと

後見人に資産運用もお願いしたい

できません！

後見人は、あくまで本人のためだけに資産を使います。
本人の財産を減らしてはいけないため、リスクのある投資や
投機などの資産運用をお願いできません。

相続税対策でマンション経営を任せたい

できません！

後見人をつけたあとに、相続税対策として新たな不動産投資
を行ったり、高額な生命保険に入ったりすることはできなくなりま
す。もちろん後見人を代理にして行うこともできません。

一線を退いても継続して役員報酬をもらい続けたい

できません！

会社役員が後見人をつけると、役員としての地位を保つこと
ができなくなります。役員報酬を継続するのではなく、所定の
手続きを経て再度役員に就任する場合は、役員報酬を受け取ること
もできます。

生前贈与で家族に財産を残す手伝いをしてほしい

できません！

子供への生前贈与、家族以外への財産の譲渡や高額寄付
などは、本人の財産を減らす行為になりますので、後見人が
できない行為となります。ただし、もともと生活を共にしていた
配偶者や家族のための生活費支出、常識と見なされる範囲での香典
や祝儀などは、本人の生活レベルを脅かさない程度であれば後見人
による手続きが認められます。

Column

相続人と後見人の立場が重なる利害対立の関係とは？

家族が親を助けるために後見人になりたいと考えやすいですが、そこに待ち構えているのが「利益相反」という問題です。

例えば、父親がまだ存命中であるところ、息子が母親の後見人をやっている場合だと、もし父親が死亡したら、母親と息子はともに相続人になります。つまり、息子は後見人でありながら相続人にもなってしまうという、二重の立場になるわけです。

このようなケースで、父親が亡くなったあとに多額の遺産を息子と母親とで分ける場合、息子が母親の受け取る財産を減らして、自分の受け取る財産を増やしてしまうという行為が行われないとも限りません。これを利害対立の関係（利益相反）といいます。

利益相反になってしまう場合は、後見監督人が本人（母親）の代わりとなって、息子と遺産分割の話し合いをすることになります。お金の問題は家族であってもシビアにしないと、遺産相続で泥沼の問題になりかねません。

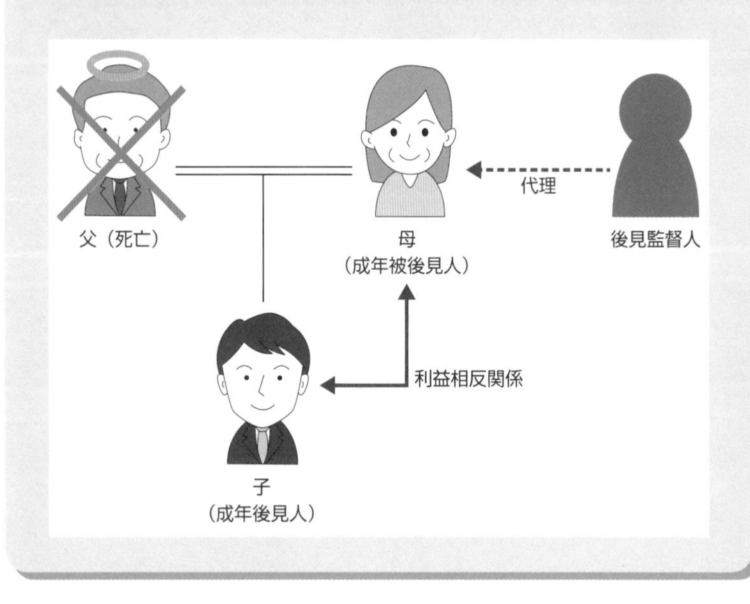

自分で成年後見を申しこむには？

成年後見制度には、任意後見制度と法定後見制度があります。それぞれの後見人に、異なる権限があります。この章では後見人の主な役割と権限を解説します。

後見人に与えられる権限

成年後見制度では、成年後見人には代理権、取消権、同意権という権限が与えられ、任意後見人には代理権のみが与えられます。

1 成年後見人には3つの権限がある

成年後見人には、**代理権**、**取消権**、**同意権**という3つの権限が与えられています。代理権は、本人に代わってさまざまな手続きを行うことができる権限です。代理権があることで、本人確認を重要視する金融機関の窓口対応もスムーズに行えます。

取消権は、本人のみで行ってしまった不本意な契約を取り消せる権限です。悪質な業者などの被害から本人を守ることができます。

同意権は、本人と後見人が同意していなければ、行動に効力が発生しないことを認める権限です。したがって、財産に関する重大な行為は後見人の同意を得る必要があります。これにより詐欺などの犯罪から、本人を守ることができます。なお、任意後見人には代理権のみが与えられます。

2 本人のストレスになる場合も

後見人の持つ権限は、本人が自由に行動する権利を制限してしまう権限でもあります。判断能力の低下がひどくない場合、逆に本人にとってストレスになる場合もあります。したがって、成年後見制度を利用するときには、本人の判断能力を客観的に証明することと、事前の手続きを丁寧に行うことが大前提になっています。

FIGURE 15 成年後見で後見人に与えられる主な権限

代理権

・本人に代わって成年後見人が契約などの各種手続きを行うことができる権限
・成年後見人が行った手続きは、本人が行った行為として認められる
・財産や生活の組み立てに関する法律行為にのみ適用される
・結婚、離婚などの行為や、遺言書の作成を代理することはできない

取消権

・本人が行った法律行為が、本人にとって不利益である場合は後見人が取り消しをすることができる
・日用品などの購入や、日常生活に関するささいな決定については取り消すことができない

同意権

・本人の行為に後見人が同意することでのみ、法律的な契約などが可能になる
・本人のみの判断で契約を行うことができなくなる
・後見人が同意していない契約を、後見人の判断で取り消すことができる。ただし、成年後見制度の3類型あるうち「後見人」はこの同意権がない。理由は、仮に後見人が同意をしても被後見人である本人が後見人の同意をした内容通りに動いてくれるかはわからないからである。

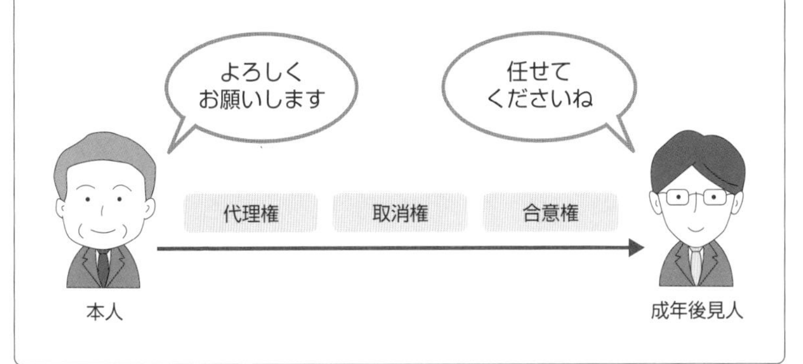

判断能力があるうちに準備する任意後見

元気なうちに将来のリスクを考えて後見人を選ぶのが、任意後見の特長です。大きく分けて３つの目的に分かれます。

1 任意後見は保険のような制度

任意後見は、病気などではなく判断能力も適切だと認められる人が、将来に備えてつける後見です。つまり、元気なうちに自分が信頼できる人物を後見人に据えておくという、保険のような制度といえます。もし本人が亡くなるまでに、認知症などが発症せず身体に不自由もなければ、後見人が活動することはないままになります。

2 後見人を自分で選ぶ

任意後見の特長は、やはり後見人を自分で選ぶことができ、契約を交わすことができる点です。もっとも後見人が活動するためには、家庭裁判所から任意後見監督人が選ばれることになるほか、任意後見では代理権のみが認められる点で、法定後見人とは異なります。

3 任意後見人をつける目的は？

任意後見は大きく分けて3つの目的に沿う制度です。まず、まだ元気なうちに将来に備えて保険のように後見人をつける目的（**将来型**）。次に、認知症だけでなく体が動けなくなるときに備えていざというときにすぐに後見人が動けるようにする目的（**移行型**）。最も多いのは移行型です。そして最後に、任意後見が可能な判断能力はあるものの、契約後すぐに認知能力低下の診断を受けて後見活動に移る目的（**即効型**）です。いずれにせよ任意後見は、自分で判断できる元気なうちに、「備えあれば憂いなし」として後見人を準備するものになります。

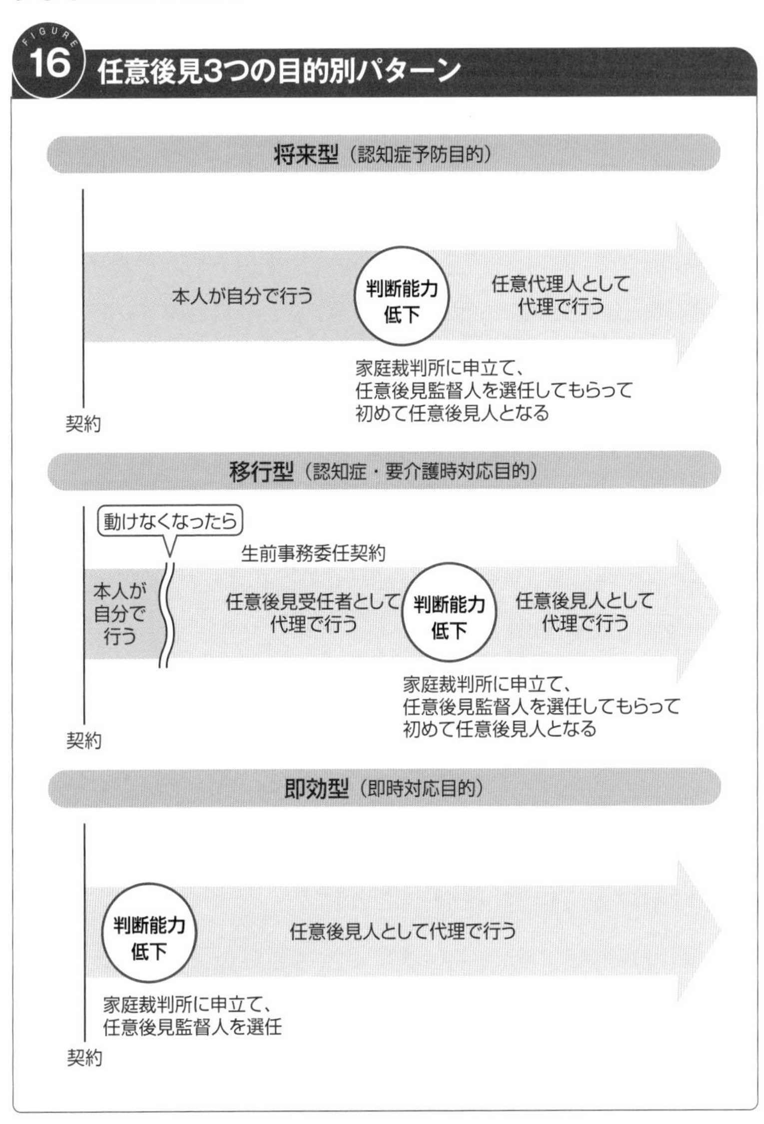

任意後見人はどんなことをする？

任意後見の範囲は契約で決めておくことができます。ただし、漏れがないようしっかりと協議して契約することが大切です。

1 契約には希望項目をすべて入れる

任意後見で後見人に与えられるのは代理権のみとなります。つまり、本人の代わりに何かをやってもらうことができます。この「代わり」の範囲は、契約で決めておくことができます。よく任意後見で後見人に依頼する例は、右表にまとめていますので、参考にしてみてください。

契約をする際の注意点としては、後見人にやってほしいことを漏らさないように、希望する項目をすべて入れておくことです。契約書に入っていない項目について実行できないということにならないよう、事前によく専門家などと相談しておくことが望ましいのです。また任意後見の契約に際して、**エンディングノート**を併用する人もいます。後見人と一緒に作成することで、自分の好みや価値観を理解してもらいやすく、契約内容と後見人の代理業務との間で齟齬が出にくくなります。

2 任意後見で誤解しやすいことは？

よく誤解を招きやすいのですが、任意後見の後見人は**身元引受人**ではありません。仮に本人が警察などに保護や逮捕されてしまう事態が発生しても、身元引受人として動くことはできないので注意が必要です。

また、任意後見の後見人は、法定後見の後見人のように、意図しない契約を取り消すようなことはできません。もし悪徳業者に近寄られるなど財産を緊急保護する必要が出てきた場合は、任意後見から法定後見に切り替えるのも有効な防衛手段となります。

任意後見の後見人との契約で盛り込まれる例

金融機関	・銀行取引（預貯金の預け入れ、引き出し、定期解約など）、農協、信用金庫等との取引行為 ・証券取引（残高確認、解約など）
収入・支出管理	・年金などの収入管理（確認、受取、現況届などの手続き） ・生活サービスへの支払い手続き（口座引き落とし契約や振込など） ・日常で必要となる生活費の管理 ・物品購入の手配、支払い
不動産	・居住先探しや賃貸契約、更新契約 ・本人所有の不動産管理や保管、または賃貸・売却などによる処分
医療・介護	・病院や介護施設への入退院、入退所手続き ・医師やケアマネージャー、ヘルパーから診療説明を代理で聞く ・リハビリや往診など医療・介護サービスの契約 ・要介護認定に関する手続き
保険	・生命保険、火災保険、損害保険、医療保険などの手続き ・保険料の支払いおよび受け取り
書類管理	・預金通帳、キャッシュカード、各種証書や権利書、印鑑など重要な書類などの管理や、管理に必要な手続き ・所有財産の管理・保管および処分
そのほか	・後見契約項目を実行するために必要な手続きや書類の受け渡し、および費用の支払いなど（住民票、戸籍、証明書など） ・後見契約項目を実行するために必要な、各手続き契約の変更および解約 ・遺産分割協議など相続手続き、および、贈与や遺贈を受け取るか否かの判断 ・後見契約項目に関する交渉や訴訟対応など

どんな場合に任意後見が向いている？

任意後見は、自分のことを自分で決めたいという場合に向いています。候補者と民間契約を交わすことで後見人をつけられます。

1 自分のことは自分で決めたい場合に適した方法

任意後見は、「もしも自分の身に何かが起きたら？」という不安に備えるためですので、どんな人でも利用できます。また最後まで自分のことは自分で決めたいという場合にも適した方法です。

任意後見の契約者に多いのが、子供や親族がいない人や、離婚で独身になった人、配偶者と死別した人など、老後の世話を誰に頼めばよいかで悩むケースです。また、家族・親族が近くにいても、負担をかけたくないという気持ちが強い場合に任意後見を利用する人も多くいます。

2 コミュニケーションを重ねておくことが肝要

特に、将来的に認知症に対する不安を抱えている人は、任意後見に注目することが少なくありません。認知症になった後、「この人ならきっとこうしたいと思うはず」と自分のことをよく理解してもらえる人にお世話になりたいという場合、任意後見はうってつけといえるでしょう。そのためにも、後見人になってくれる人とは、しっかりとコミュニケーションを重ねておくことが肝要です。

FIGURE 18 こんな人に任意後見が向いている

- 将来の認知症対策を考えている人
- 現在自分が管理しているお墓や、自分のお墓の管理が気になっている人
- 子供や親族がいない人（いざというときに頼れる身内がいない）
- 配偶者と死別するなどひとりで生活している人
- 子供が障害を持っていて負担をかけたくない人
- 家族に自分の世話をしてほしくない理由がある人
- 親族との関係性が薄く、自分の世話を頼みにくい人
- 認知症になっても自分の価値観に沿った生活を送りたい人
- 自分の世話は必ず家族にしてほしいという人（親族との任意契約）
- 子供や親族が遠方で生活している人

FIGURE 19 任意後見契約締結件数の推移

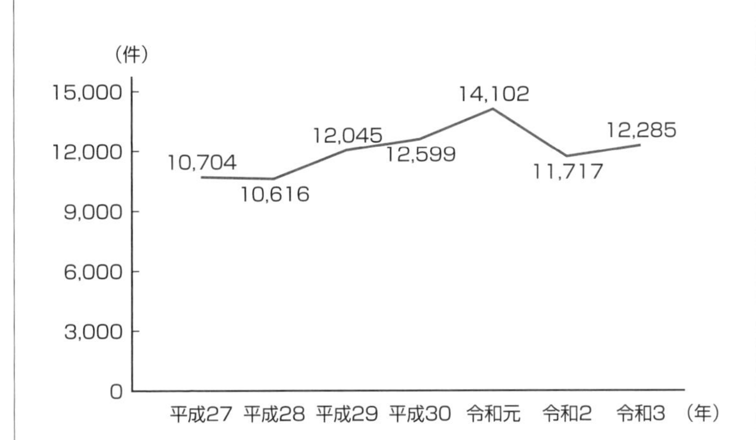

出典：法務省「登記統計」種類別成年後見登記の件数

どのように契約手続きを始めていけばいい？

まずは相談窓口で相談をしていきます。候補者とともに相談できれば一番いいのですが、自分だけで相談することもできます。

1 必ず成年後見制度の専門家に相談をする

任意後見の手続きを行う前に、まず相談窓口を訪れて事前相談をしましょう。相談窓口は、行政書士、弁護士、司法書士などの専門家ほか、社会福祉協議会、**地域包括支援センター**、**法テラス**などが挙げられます。必ず成年後見制度の専門家に相談しましょう。その際、自分の不安点などをあらかじめ書き出しておくなどすると、適切なアドバイスを受けやすくなります。

2 自分の思いを理解してくれる候補者を探す

次に後見人になってくれる候補者を探していきます。後見人の仕事は、制度の知識がない方にとっては想像以上に大変な仕事です。可能であれば事前相談に同行して、理解を深めてもらえるとよりよいでしょう。後見人の候補者が周囲にいなければ、相談先で紹介を受けることもできます。紹介してもらう場合は、その人が自分の思いをかなえてくれる人かどうかをしっかりと確認しましょう。思いを理解して受け止めてくれるかどうかは、任意後見で最も重要なところ。納得できなければ、改めて探し直します。エンディングノートなどを一緒に作りながら対話を重ねるなどすると、思いが通じているかどうか確認しやすくなります。

3 候補者と契約を取り交わす

最後に、候補者と契約に至ります。自分の住民票、戸籍謄本、印鑑証明書などとともに、後見人候補者の必要書類をそろえます。次に**公証人**と打ち合わせを行い、公証役場にて契約を執り行います。なお、このとき証人は必要ありません。また、これらの準備は行政書士など専門家が代行することもできます。

その後、認知症になったら、後見人が診断書など必要な書類をもとに家庭裁判所で手続きを行います。後見監督人が決定し、正式に任意後見人の活動がスタートしていきます。

FIGURE 20 任意後見契約の手続き

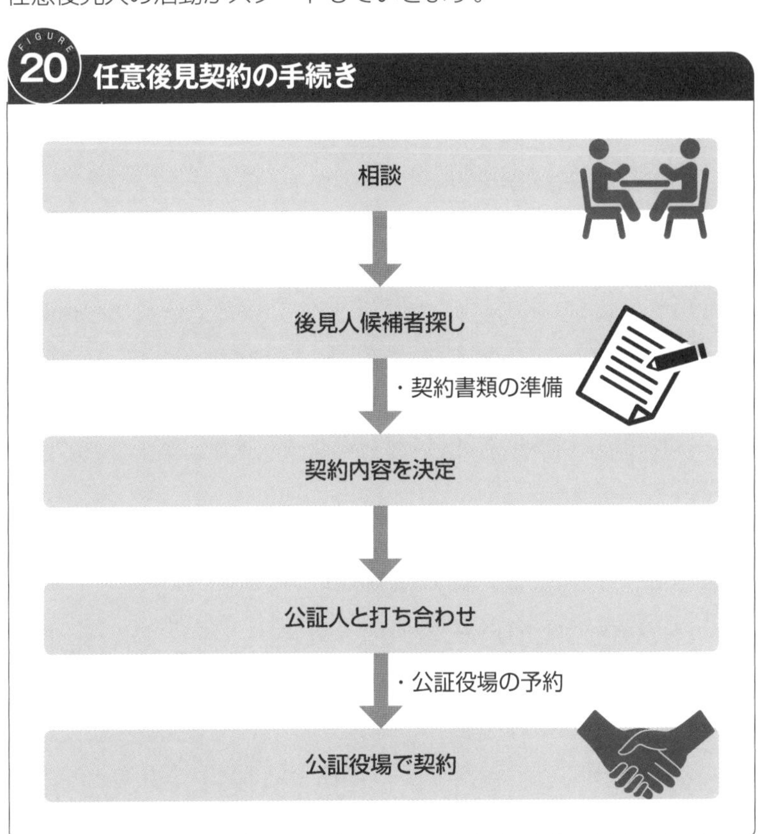

ぜひやっておきたい委任契約

任意後見制度は、認知症発症時に本人の生活を支える制度ですが、認知症以外での困りごとには委任契約を別途締結します。

1 第三者の手助けを見越した委任契約

法律的に見ると、任意後見契約は認知症になったときに対応する契約です。しかし認知症以外にも、介護が必要になるときなど、自由に動けなくなり、第三者の手助けが必要になることも想定できます。そこで、認知症だけでなく、他に適用できるような委任契約を結んでおくこともひとつの手段です。

2 任意後見受任者を指定しておく

例えば、自分の意思はしっかり示せるものの、ひとりで動き回ることが難しくなったときに、対応してくれる後見人を指定しておくこともできます（正式には、**任意後見受任者**といいます）。つまり、預貯金の引き出しやさまざまな契約事を含む生前事務の委任契約をするという形です。

3 死後事務の委任契約も結べる

また本人が亡くなった時点で後見人の活動は終了するため、葬儀などについても**死後事務**の委任契約を結ぶことができます。葬儀を頼める親族がいない場合などが最たる例です。死後事務の委任契約では、本人の死亡後の親族連絡や葬儀社との折衝、役所などでの手続き、納骨や自宅の整理などを依頼できます。生前事務も死後事務も、任意後見契約と同時に委任契約を行います。

見落としがちな見守り契約

任意後見契約を交わしたものの、認知症になったのがその十数年後で、後見人とも連絡を取っていなかったということになれば、たとえ契約をしていたとしても不安になるものです。そこで、家族以外の人と契約を結ぶときは、後見人との関係が途切れないように、必ず**見守り契約**を結んでおくようにしましょう。

FIGURE 21 任意後見に付随できる委任契約の種類

生前事務の委任契約

体が動かなくなったときに備え、自分の代理で動けるようにする契約。開始まで報酬は不要にすることもできる。

死後事務の委任契約

亡くなった後の事務処理に備え、火葬・埋葬の手配や病院への支払い、葬儀の手配などの事務処理を依頼する契約。相続に関する手続きはできず、遺言がなければ相続人に財産を引き渡して終了となる。

見守り契約

定期的に面会をし、認知症の兆候や体の不調にいち早く気付けるようにするための契約。

任意後見受任者と任意後見人、任意後見監督人の役割の違い

任意後見制度に出てくる「任意後見受任者」「任意後見人」「任意後見監督人」は、それぞれ役割や就任時期が違ってきます。

1 任意後見受任者とは？

任意後見受任者は、後見が始まったときに、任意後見人となってもらう人のことです。任意後見契約を結んでも、判断能力がなくなって任意後見が開始されるまでは任意後見人ではありません。いわば、これから任意後見人になることが決まっている人です。後見が始まって任意後見監督人が選任されると、任意後見人となります。

2 任意後見人とは？

任意後見人は、契約を行うことにより、認知症になった本人の財産を管理したり、療養や介護をサポートする人のことです。本人の状態などによって、家族や親族にお願いする場合もあれば、専門家に依頼することもあります。法人も任意後見人になることができ、**社会福祉法人**やNPO法人などが後見することもあります。本人の判断能力が低下したときに、職務がスタートします。

3 任意後見監督人とは？

任意後見監督人は、任意後見人の職務を監督する人のことです。家庭裁判所によって選任され、任意後見人が職務を適切に行っているかどうかをチェックします。本人の後見が始まってから監督がスタートします。

FIGURE 22 任意後見契約

契約のほかに準備すべきことは？

相続や尊厳死については任意後見契約に含まれませんので、契約内容に盛り込まないように注意しましょう。

1 相続に関しては死後事務に含まれない

任意後見契約に加えて、**生前事務**や死後事務の契約をプラスすることもできますが、気を付けておきたいのは相続に関すること。死後事務の契約では相続まで含めることができません。相続では、誰にどんなことを引き継いでほしいかという点が重要ですので、その意思を残すために遺言が必要になってきます。遺言については第3章で詳しくカバーしますので、ここでは「死後事務の契約には相続を含めることができない」という点だけ覚えておいてください。

2 尊厳死宣言も独自作成が必要

また、過度な延命治療をしたくないという人は、**尊厳死宣言**を検討することもできます。この宣言も、任意後見契約に含めることはできませんので、別途、書面に残しておく必要があります。書面の作成方法は、公証役場で尊厳死宣言公正証書を作る方法と、日本尊厳死協会に入会したのち作成する方法の2通りがあります。

ただし、緊急搬送時の医療現場の判断などで必ずしも尊厳死が実現するというわけではないことも理解しておく必要があります。

FIGURE 23 契約締結から相続開始までの流れ

状況	段階	契約
契約締結	元気	この時点ですべての契約をしておくのが理想的 見守り契約
病気などのため身体の自由がきかなくなり、財産の管理が難しくなった	入院	財産管理契約
認知症などで判断能力が低下し、財産管理や生活上必要な契約や手続きを自分でできなくなった	判断能力低下	任意後見人選任 任意後見契約
相続開始	死後	死後事務委任契約 遺言 遺産分割業務

能力の低下

契約後に認知症の発症にどうやって気付く？

後見は認知症の発症が認められてから始まります。本人が気付けないこともあるので、周囲が気付ける環境作りが必要です。

1 発症に気付けるような体制づくり

任意後見の契約をしても、いつ認知症が発症するかにはこまめな観察が必要です。本人が発症に気付けるとは限りません。また任意後見受任者が認知症の発症を知ることができなければ後見人としての仕事を始めることができません。多くは、周囲が違和感や異変を察して発覚しますので、見守り契約を結んだ任意後見受任者と定期的にコミュニケーションをとることが必要です。また誰が任意後見受任者であるかを、かかりつけ医や介護施設のケアマネージャー、ヘルパーなどに共有しておくことが大切です。

2 発症したら診断書を書いてもらう

本人が認知症を発症した可能性が出てきたら、かかりつけ医や専門科のある病院で**診断書**を作成してもらいます。この診断書が、後見開始のための証拠書類となります。ただし、認知症になる前から任意後見受任者に動いてもらえるよう、生前事務の委任契約は欠かさず結ぶ方がよいでしょう。同時に、本人が定期的に健康診断を受ける環境を作っておくと発症の発見が遅れにくくなります。

FIGURE 24 段階別の必要な対応

任意後見の契約をしたが、まだ自分のことを自分でできる

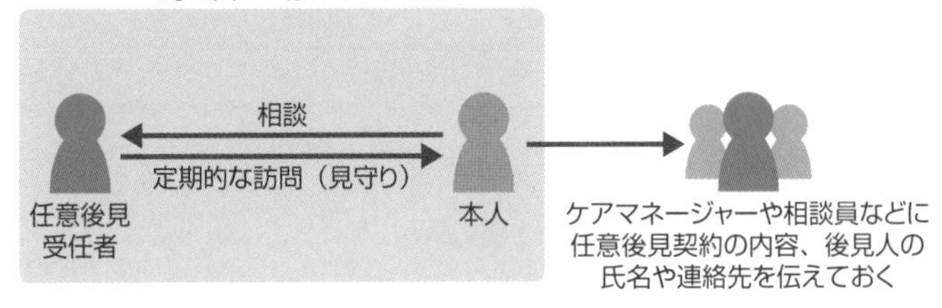

体が動かせなくなってきたが、自分の判断で任意後見受任者に任せられる（生前事務の委任契約）

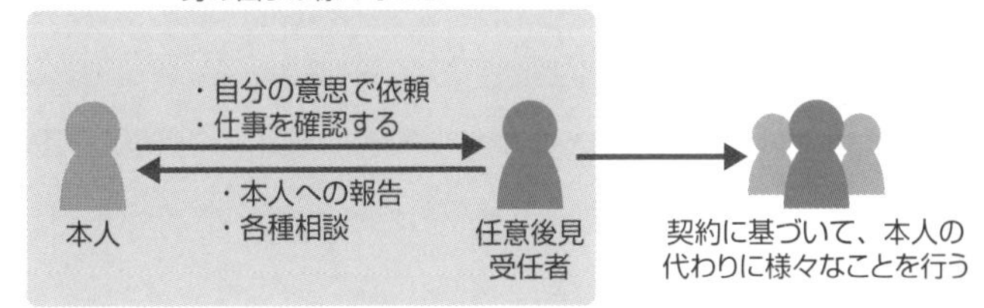

認知症になり、任意後見が始まる（任意後見契約）

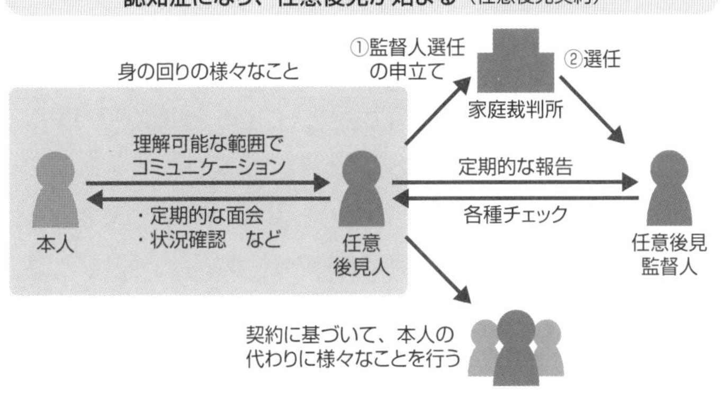

任意後見を誰に頼めばいいか？

任意後見人は誰でも依頼は可能ですが、リスクを考えると専門家に依頼するほうが無難です。実績のある専門家が理想的です。

1 専門家への事前相談がお勧め

任意後見を誰にお願いするかで悩むケースは少なくありません。最も近しい存在である家族や親族にお願いするケースは約7割以上という統計が出ています。しかし、後見人は責任をもって本人の財産を預かり、各手続きに必要な書類を作成するほか、本人や任意後見監督人へ報告する役割があります。

たとえ家族といえど、普段の仕事をしながら後見人の役割を果たすのは簡単ではなく、気持ちだけでどうにかなる問題ではありません。もし家族が引き受けるならば、事前に専門家に相談して、後見人の役割や仕事の内容についてしっかり説明を聞いてから決断することをお勧めします。

2 専門団体への所属、実績を確認

現在は行政書士、弁護士、司法書士といった個人の専門家による後見活動が多く見られます。後見人に専門家を選ぶ場合は、成年後見の専門団体に所属しているところや、士業にお願いするならば成年後見の実績があるところに相談を持ちかけましょう。また個人でも、専門家が複数所属している事務所や、後見人の身に何かトラブルが起きた際にフォローできる体制を整えているかどうかもチェックポイントになります。

3 法人を後見人とする方法も

個人だけでなく、行政書士法人、司法書士法人やNPO法人といった法人を後見人にすることもできます。法人であれば、後見人個人に病気などのトラブルがあった場合でも、フォローできる環境を整えやすいので、後見活動がストップするリスクがあまりないといえます。

いずれにせよ、個人でも法人でも、いままでの後見活動の実績があるかどうか、後見活動の保険に加入しているかどうかはチェックしておきましょう。

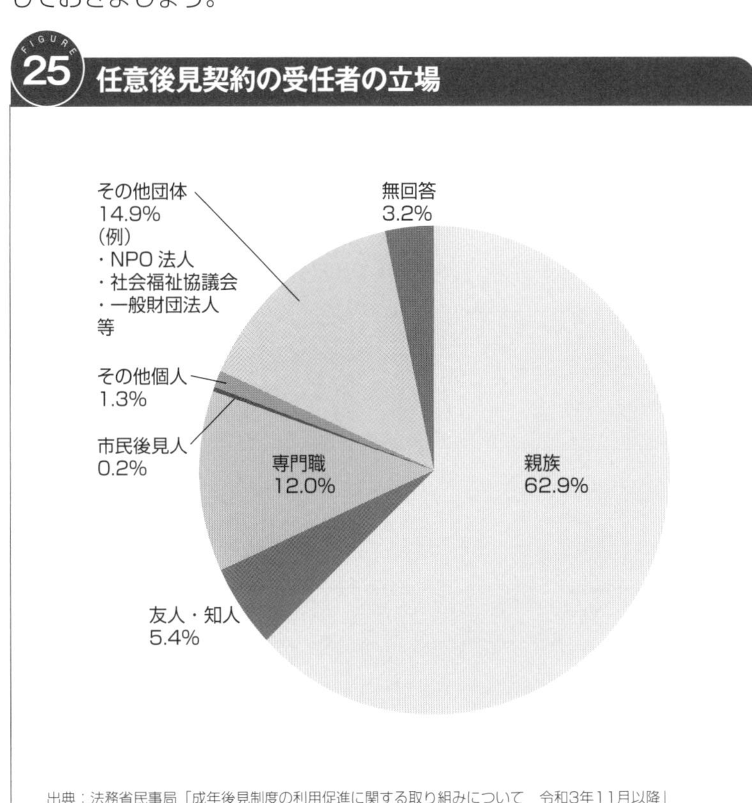

FIGURE 25 任意後見契約の受任者の立場

出典：法務省民事局「成年後見制度の利用促進に関する取り組みについて　令和3年11月以降」

任意後見契約をうまく使うためには？

任意後見人は、家族とは違った立場で残りの人生を共に歩むパートナー。お互いに信頼し合える人間関係作りが第一です。

1 後見人との関係性をしっかり築く

任意後見契約がうまく進むかどうかの一番のポイントは、後見人との関係性です。もちろん専門家などの後見人は職務としてしっかりと支えてくれるでしょうが、人間対人間ですので、誤解があったり、きちんと意図が伝わっていないなどがないともいえません。

2 グレーゾーンをなくす

後見人と上手に付き合うためには、グレーゾーンをなくすのが一番です。最もよいのは、契約の内容を細かく決めておくこと。後見に入る前には見守り契約を交わし、サポートが必要になるまでの間もコミュニケーションをとっておくのがおすすめです。

対話を重ねていくことで、より自分の意図を深く理解してもらえますし、認知症になった際にすぐ気づいてもらいやすくなります。発症の発見が遅れると、その間に悪徳業者に騙されるなどの被害も想定できますので、特に注意が必要です。

また、後見人に通帳を預けるようになっても、判断能力があるうちは、預けた通帳を都度確認できるようにしておくと、関係性に適切な緊張感が伴いますので、依頼した側も安心できるはずです。

3 後見人は御用聞きではない

契約の内容を細かく決めることで、後見人に何をお願いでき、何をお願いできないかが明確になります。任意後見は比較的自分の希望を契約に盛り込みやすいのですが、いわゆる御用聞きと勘違いしてもめてしまうケースが後を絶ちません。本人の代わりに銀行からお金を引き出すなどは職務の範囲内ですが、範囲外のことまで求めて「なんでやってくれないのか？」と詰め寄ってしまうのはNGです。例えば食事介助などが必要であれば、後見人を通じて介護サービスに申しこむなどの対応になります。

4 こまめな質問でお互いを理解する

任意後見は、事務や療養の手続き代行をするためだけの契約ではなく、あくまで本人が望む人生を支えてくれるパートナーのような存在ですから、お互いに人として理解し合え、役割を認識し合えるのが最も望ましい付き合い方なのです。不平や不満をぶつけて問題がこじれる前に、気になることは積極的に質問をし合えるコミュニケーションを意識しましょう。

ワンポイント

SNSツールをうまく使う

最近はコミュニケーション手段も発達しており、LINEを交換してそちらで会話をしている方も少なくありません。便利な時代になったなという声も多くあります。

任意後見の費用と後見人の年齢制限（見落としがちな任意後見契約の注意点①）

任意後見の費用は、後見活動に入る前、入った後ともにかかります。後見人の報酬と各種手数料などが主な費用内訳です。

1 契約締結前にかかる費用は？

任意後見にかかる費用には3種類があります。契約を締結する前にかかる費用は、必要書類の取得費用、公証役場の手数料などがあります。公証人に出張してもらう場合は、加えて出張手数料、公証人の日当料金、移動のための交通費がかかります。環境によって異なりますが、合計しておよそ5〜7万円台です。また専門家に契約に関する準備や後見依頼をする場合、5〜20万円台の報酬がかかります。

2 契約締結後から後見開始までにかかる費用は？

次に、契約後に本人が自分のことをできている期間の後見人費用です。これは主に見守り契約の費用であり、定期的な連絡（必要あれば相談も）と数か月に1度の面会という労力で、年間5〜6万円台が相場となります。ただし、開始する前でも任意後見人受任者が動く業務量が多ければ、その分負担もかかりますので注意が必要です。

3 後見開始後にかかる費用は？

最後に、後見人の仕事が始まってからの費用ですが、これは①後見人の報酬、②必要実費となります。専門家に依頼する場合は、任意後見の契約時に報酬額を決め、契約書に明記します。財産の額などによって異なりますが、おおよそ月額3～5万円台が相場です。実費に関しては契約内容、依頼内容によって異なるのですが、主に切手代、文書取得費、交通費が主になってきます。

4 後見監督人の報酬も必要

認知症になったら、後見監督人の報酬も必要となります。報酬額は、本人の生活に支障がない範囲で家庭裁判所が決定を出しますが、月額1～3万円台になります。

FIGURE 26 後見契約前後にかかるお金

	内容	金額	備考
後見契約前	相談機関への連絡	無料	自宅出張の場合は移動費がかかることも
	専門家相談	1時間5000～1万5000円程度	無料の場合もある
	本人の書類準備	住民票200～300円、戸籍450円、印鑑登録証明書300円	
	公証人手数料	5～7万円	
	上4つの内容を専門家へ依頼する報酬	5～20万円（単価）	財産や契約内容によって異なる。着手金と残金で分けられる場合もある
後見契約後	見守り契約	年6万円未満	訪問回数や見守り内容によって異なる
	生前事務の委任契約報酬	月3～5万円程度	任意後見と同時に生前事務の契約を行った場合の費用。実費は状況により異なる。認知症発症時点で終了
	任意後見人への報酬	月3～5万円程度	実費は状況により異なる
	任意後見監督人への報酬	月1～3万円程度	1年経過後の支払いというケースが多い。家庭裁判所が詳細を決定
	死後事務の委任契約報酬	依頼により異なる（多くても100万円ほど）	依頼内容により幅があるので、100万円程度が目安になる

見守り契約ほか、必要となる契約（見落としがちな任意後見契約の注意点②）

見守り契約は、内容を自由にできるぶん、何をどこまで取り決めればよいかわからないという声も少なくありません。

1 見守り契約の内容は？

本人が元気であったり、まだ判断能力はあるものの、次第に能力低下が見られそうなときに取り交わす見守り契約。「結んだほうが安心だとわかってはいるけれど、どんな契約にすればいいかわからない」という場合、基本的には以下の項目を記載するようにしましょう。

- **見守り契約を結ぶ目的**
- **連絡、面談の頻度や方法**
- **見守り義務の範囲と条件**
- **見守りの報酬**
- **見守り契約が終了する条件**

2 連絡、面談でよくある回数は？

自分の希望を相談するのが一番ですが、ミドルスパンとショートスパンを申し入れるケースが多いようです。ミドルスパンは2〜3ヵ月に1度の電話＋半年に1回の面談です。ショートスパンは2週間に1度の電話連絡＋毎月1回の面談です。このとき、どちらから連絡を入れるか、面談をする場所はどこかなども具体的に決めましょう。

3 見守り契約の終了のさせ方は？

見守り契約をいつ終了させるかについては、相手とよく相談することが大切です。見守り契約を交わしている相手が、任意後見受任者と同じ人であるならば、任意後見の開始時点で終了するというのが一般的です。移行型の契約であれば、見守り契約、任意後見契約、**財産管理委任契約**を、個別かつ同時に行うこともあります。財産管理委任契約の詳細は次項目で説明します。

FIGURE 27 見守り契約で開始タイミングを逃さない

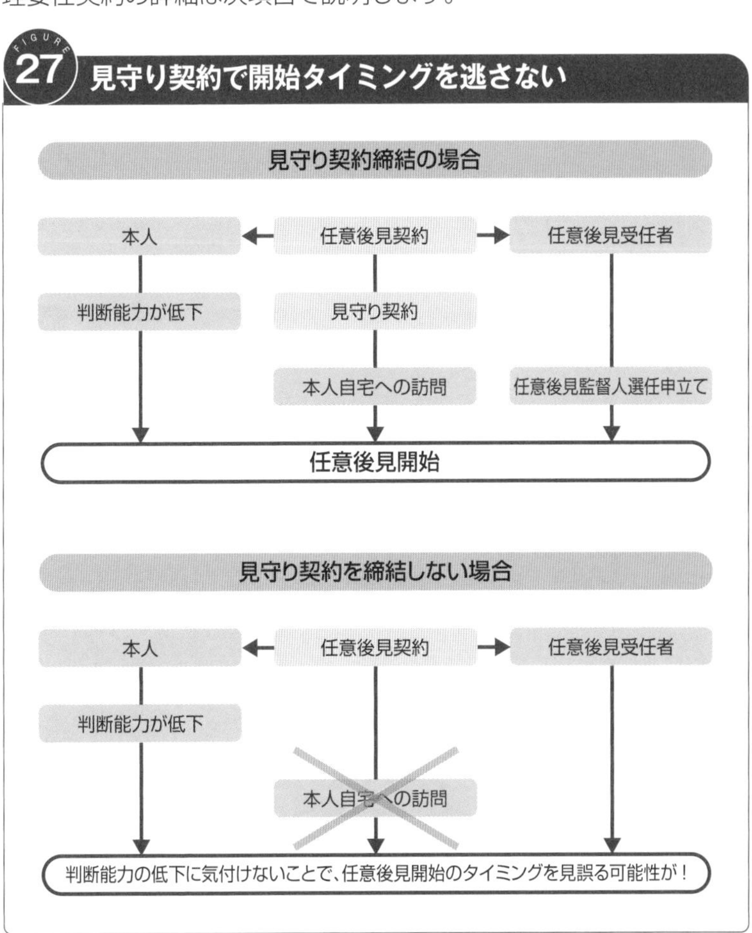

事前に検討したい財産管理委任契約

認知症に限らず、動けなくなったときに備えて契約する財産管理委任契約。民間契約ですので、注意点も知っておきましょう。

1 財産管理委任契約でできること

財産管理委任契約は、受任者が本人（委任者）に代わって財産の管理を行ったり、病院ほか医療・介護サービスの利用手続きを代行したりするなど、**身上監護**をしてもらう契約です。成年後見制度は、認知症により判断能力が低下したことを前提としていますが、財産管理委任契約は必ずしも判断能力の低下が前提にはなりません。例えば、事故により体が不自由になる、病気によって外出が困難になるなどの場合に備えた契約です。判断能力に支障がなければ、誰でも契約可能です。

2 財産管理委任契約の注意点

財産管理委任契約に盛り込む財産管理と療養看護の内容などは、公序良俗に反するような内容以外であれば、基本的には自由に決めることができるとされています。しかし、自由であるがゆえに解釈が分かれる曖昧な内容になってしまったり、悪意あるそそのかしで騙されるようなことにもなったりしてしまうこともあります。右ページに注意点をまとめていますので、気を付けて契約書を取り交わすようにしましょう。

3 財産管理委任契約の受任者への報酬

財産管理委任契約の受任者の報酬は2パターンあります。家族や親族の中から選ぶ場合は、自由に決めることができます。扱う金額がさほど大きくなければ、報酬なしというケースも少なくありません。一方、法律の専門家に委任した場合、毎月1～5万円が相場になります。また、報酬額は、受任者が取り扱う財産の金額によって変わってきますので、しっかりと確認しておきましょう。

契約時の注意点

財産管理委任契約（身上監護含む）でできることの一例

・委任者の財産の管理や保存
・金融機関との取引（一部例外あり）
・年金等の定期的な収入の受け取り
・医療や福祉サービスの利用等の手続きや支払い
・生活必需品の購入

※上の一例以外にも、具体的な内容は当事者の交渉によって自由に決めることができます
※委任者は受任者に委任する内容を限定することができます（例：福祉サービスを利用するための手続きのみで契約を行うなど）。この場合、サービスの契約や手続きのみの内容となるため、食事や入浴の介助などは含まれないことになります

法律の専門家に依頼するときの手続きの流れ

①財産管理契約と任意後見契約の受任者を選び、相手方に承諾してもらう
②契約の内容を相談し、内容に沿って見積もりを確認。内容に同意できたら契約へ
③受任者同席のもと公証役場で契約書を作成（公正証書）
④契約内容に従って、受任者が契約を実行

▼

財産管理契約中に判断力が衰えたとわかったら、医師の認定をもらい、家庭裁判所へ申し立てる。家庭裁判所が任意後見監督人を選出し、財産管理契約から任意後見契約へと移行する。

死後事務についての準備 ～死後事務委任契約を検討しておく～

本人が亡くなったあとの死後事務を第三者が行うため、相続や財産管理以外の死後事務委任契約を結ぶことがあります。

1 死亡時以降の事務処理を任せるには？

人が亡くなると、死亡届を提出したり葬儀の準備をしたりするなど、さまざまな事務処理が出てきます。多くは家族や親族が事務処理を行いますが、家族・親族の手を煩わせたくないと考える人や、事実婚の人、またいわゆる独り身の人の場合は、事務処理をどうするかという問題が出てきます。このような場合に備え、法律の専門家との間で、**死後事務委任契約**を結んで、死亡時以降の事務処理を委任することができます。

2 相続や財産管理の契約はできない

死後事務委任契約をより詳細にいうと、相続や財産管理以外で、本人の死後に必要となる手続きなど事務処理を第三者に任せるための契約になります。「相続や財産管理以外」というところが大きなポイントといえます。相続については遺言書を別途作成する必要があります。相続が含まれなければ、委任できる内容は広く、死亡届などの提出、葬儀の手配、本人と縁故のあった人たちへの連絡、遺品処理など、細かく内容を指定することができます。

3 死後事務委任契約の費用は？

死後事務委任契約の費用は、公証役場に支払う手数料（1万

1000円）と**預託金**です。預託金は、死後処理のための元手として受任者に預ける一定額のお金のことです。例えば、死後に預金口座から出金するのは財産管理になりますので、死後事務委任契約に含めることはできません。しかし、手持ちのお金がなければ葬儀準備などに支障が出ることも考えられますので、そのために一定額を預けるというものです。

FIGURE 29 死亡届の対応と死後事務委任契約

任意後見受任者として死亡届を出せる

以前は、任意後見人でなければ死亡届の届出人になることはできず、別の人に届出人になってもらわなければならず、不便が生じていました。しかし、令和2年の戸籍法改正によって任意後見受任者も死亡届の届出人になれるようになりました。このことにより、死亡届が出せるのは、同居の親族以外の親族、後見人、保佐人、補助人、任意後見人および任意後見受任者となりました。

死後事務委任契約で委任できる範囲

- **行政への各種届出**
  死亡届や健康保険証の返納・年金の資格喪失届出などの手続きを任せられます。契約書内に「諸届を依頼する」という内容を添えておくことが必要です。
- **葬儀関連の手続き**
  葬儀場の手配・火葬許可申請書の提出、菩提寺への納骨・永代供養の手配まで、葬礼の手配を任せられます。なお、葬儀場や葬儀形式の指定もできます。
- **知人・親族ほか縁故者への連絡**
  本人が亡くなったことを連絡してもらったり、SNS 上での告知もできます。
- **死亡時点までの生活費用などの清算**
  例えば、家賃、医療費、介護施設費など死亡時まで発生していた費用を清算し、家族に対して滞納連絡が届かないよう処理することができます。
- **自宅や利用施設の片付け**
  死亡時まで過ごしていた部屋などの片づけを業者に手配し、高額なものが含まれなければ家財処分も任せられます（高額なものは財産と見なされるので範囲外となります）。

死後事務で扱えないデジタル遺品、残されたペット

デジタル機器内に残されたデータや、ペットの世話については、死後事務で扱えないケースもありますので注意が必要です。

1 デジタル遺品は画一的に処理できない

デジタル遺品とは、パソコンやスマートフォンなどデジタル機器の内部に残っている各種データやSNSのアカウントのことです。大半の場合は、機器にパスワードロックをかけているため、本人以外の人が内容を知るのは難しいものです。放っておけない重要なデータがある場合は取り出さなくてはいけませんが、他の人に見られたくないプライバシー情報に接触する可能性もあります。さらにアカウントが乗っ取られるなどして悪用されるリスクもあります。ですので、このデジタル遺品についても死後事務委任契約の中で適切に処理してもらいたいと考えがちですが、実はデジタル遺品の扱いは死亡事務に含められるかどうか見解や判断が分かれるところです。できるだけ生前処理しておくのが好ましいでしょう。

2 愛するペットの生活はどうなる？

法律上、ペットはモノとして扱われています。つまり、本人が死亡したとき、ペットは預貯金や車などの相続財産として、相続人に所有権が移ることになります。例えば、本人の長男だけが相続人であれば、長男が所有権を持つことになりますし、相続人が複数人いる場合は遺産分割協議でペットの相続人を決める必要があります。しかし、遺産分割がスムーズに成立せず長引いてしまう場合、ペットの世話を誰がするのかという問題も出てきます。しかしながら、もしペットが遺産分割協議の対象になっているのであれば、死後事務で扱うことができないため、やはり生前に対応方法を探しておくほうがよいでしょう。

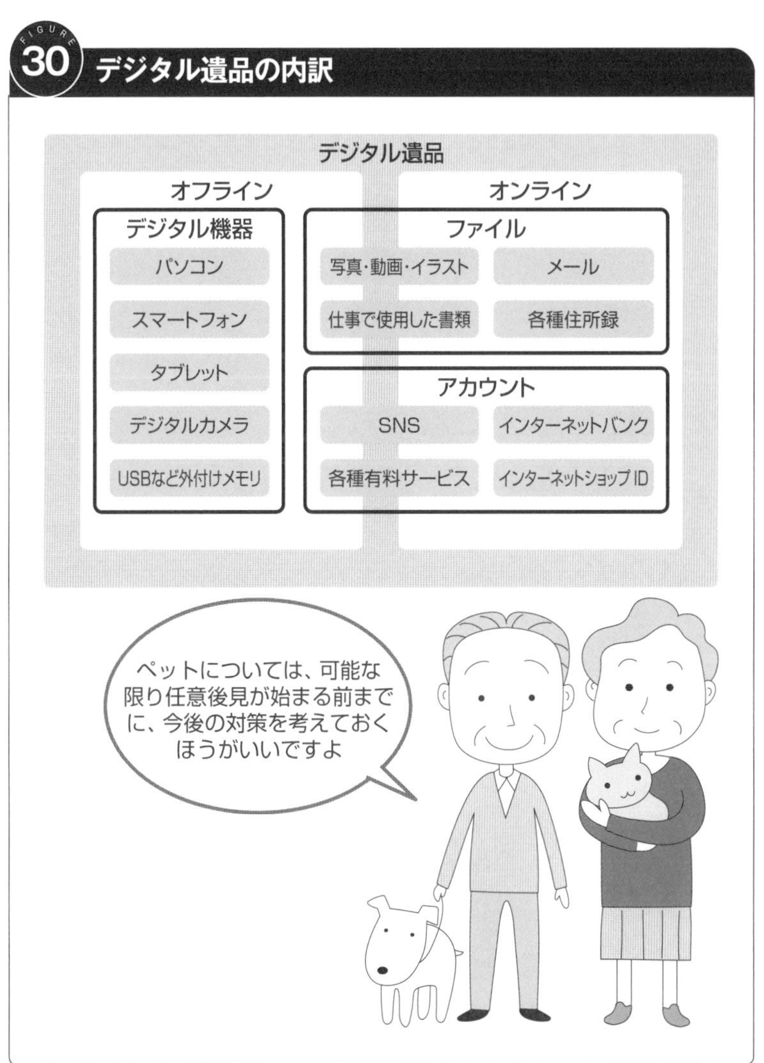

Column

任意後見よくある間違いQ&A

Q：後見人をつけると、本人は日用品の購入ができなくなる？

A：後見人が選任されていても、本人は日用品の購入はできます。ただし、何が日用品にあたるかは人それぞれの生活や資産規模によって違ってきます。一般的な食料品や日常的に使う雑貨、交通機関の支払いなどは日用品と見て問題ないでしょう。

Q：後見人をつけると、印鑑登録できなくなる？

A：いままで後見人が選任されると、本人が役所で印鑑登録（実印登録）することはできなくなり、印鑑証明書の発行もされなくなっていました。なぜならば、印鑑証明書を使うような重要な行為を本人ができなくなるから後見人がつくわけであり、登録する必要性がなかったからです。ただし令和2年3月31日より一定条件を満たせば登録できるようになりました。

Q：後見人がついたことが戸籍に載る？

A：後見人がついても、本人の戸籍に成年後見人が選任された内容は記載されません。登記によって公示されるのみです。

Q：後見人がついたら、選挙権を失ってしまう？

A：現在は、選挙権・被選挙権ともに失うことはありません。2013年前までは、後見人がついた本人には選挙権・被選挙権がありませんでした。

任意後見だけでカバーできないことは？

任意後見は民間契約ですので、何でも契約内容通りに実行されると誤解されがちです。しかし任意後見にもできない範疇があります。

任意後見契約本人死亡後の法的枠組み

任意後見契約後に後見終了するにあたり、本人死亡による終了の場合、管理計算業務と相続財産の引渡し業務が残ります。

1 本人が死亡すると代理権が消滅する

任意後見契約において、本人が死亡した時点で任意後見人の代理権が消滅することになります。つまり、いかなる代理権もなくなります。ただし、任意後見人としての役割は2つ残されています。

本人死亡後の任意後見人の役割は、管理計算業務および相続人への相続財産の引渡し業務のみが義務となり、これも終了すると、任意後見人の役割は完全になくなります。

《本人死亡後の事務の流れ》

①財産目録と収支計算書を相続人に交付

②後見終了登記を法務局に申請

③家庭裁判所への終了報告

④相続人に財産の引継ぎ

⑤任意後見監督人に引継書を提出

2 財産については「引渡し」のみ

本人死亡後の事務内容で注意が必要なのは、任意後見人は「相続人への相続財産の引渡し」は行うものの、財産の分配は行わないということです。財産については、後見人から引き継いだ相続人の役割となります。

もしこのとき遺言書が残されていれば、遺言書に沿って遺言執行手続きを行う形になります。しかし遺言書が残されていなければ、相続人全員で遺産分割協議を行う必要などが出てきます。

《任意後人の契約終了その他の理由》

●任意後見契約の解除

任意後見監督人の選任前は、公証人の認証を受けた書面を用いて解除することができます。任意後見監督人の選任後は、正当な事由があり家庭裁判所の許可を受ければ解除できます。

●任意後見人の解任

任意後見人として不適格であると判断できる場合は、任意後見監督人、本人や親族または検察官が解任請求を行うことができます。

●法定後見の開始

任意後見監督人が選任されたあとに、法定後見が開始したら、任意後見契約は終了となります。これは任意後見と法定後見の権限が重複しないようにするためです。

遺言執行手続きとその流れ

故人の遺志を遺族に正しく伝えるためには、遺言書を作成し、適切な方法で遺言執行手続きを行う必要があります。

1 遺言執行者制度とは？

遺言執行とは、故人が残した遺言書の内容を実現するために必要な行為を行うことです。遺言の内容を実現するには、相続人（遺言者の権利義務を受け継ぐ人）が行うこともありますが、遺言内容によっては**遺言執行者**ではないとできない手続きや、財産関係が複雑なとき、相続人間による公平な執行が期待できない場合には、遺言執行者を選任し、遺言の執行を委ねていきます。こうして適正かつ迅速に遺言執行を実現するのが遺言執行者制度です。

2 遺言書とは？

遺言書とは、被相続人 (故人) の最終的な意思をまとめた書類のことです。故人は、遺言書を残すことで、意に沿った形で自分の財産を相続人に相続させることができます。もし遺言書を残していないと、相続人全員で遺産分割協議をする必要があり、協議がまとまらなければ相続トラブルに発展する可能性もあります。残された相続人たちの間でもめごとを起こさないためにも、遺言書はできるだけ書くほうがよいでしょう。なお、遺言書には自分で自書する**自筆証書遺言**、公証人が作る安全な**公正証書遺言**、他人による代筆が可能な秘密証書遺言の3種類があります。

FIGURE 31 遺言執行手続きの流れ

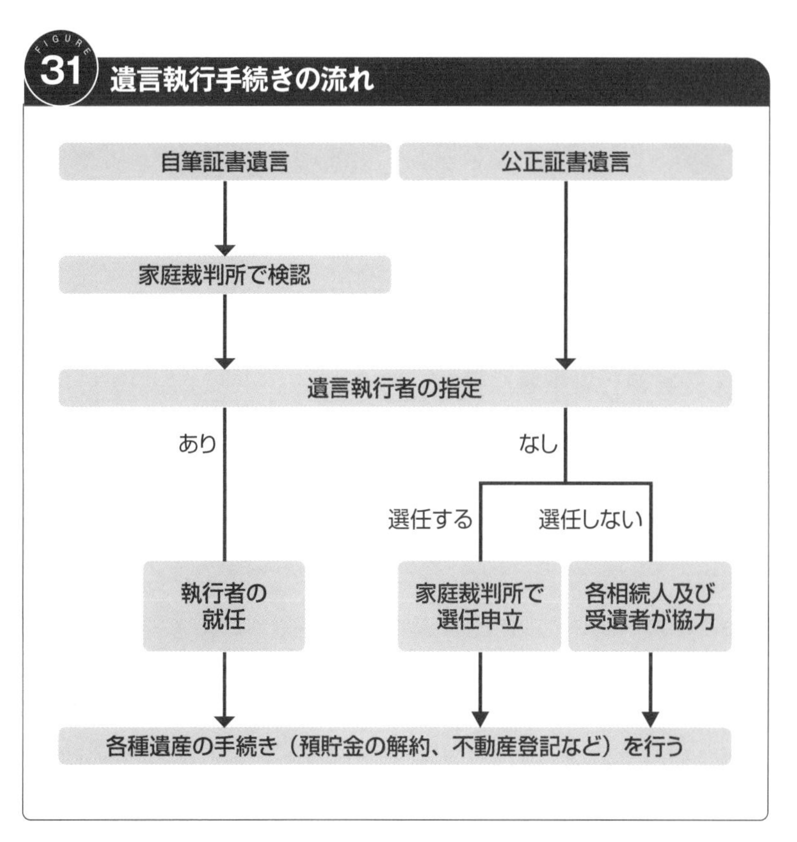

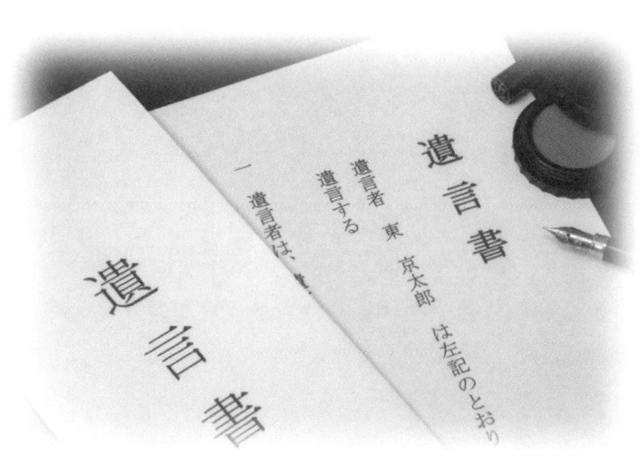

遺言執行者を選任する上での注意点

遺言執行者がいないと、遺言の執行が滞る場合もあります。遺言執行者は直接指定と家庭裁判所による選任で決められます。

1 遺言執行者を置く理由

遺言執行者が定められていないと、相続人全員で手続きを行わなければならないときに遺言の内容を実現しにくくなります。特にもともと疎遠だった相続人同士だと、手続きは滞ることもあり得ます。遺言執行者を定めておけば、スムーズに遺言の実行ができるようになります。

2 遺言執行者をどう選ぶ？

遺言執行者を選ぶには、2つの方法があります。ひとつめは遺言者が遺言書の内容に記載することで直接指定する方法です。また遺言執行者の指定を、第三者に委任することもできます。例えば、遺言執行者の指定を妻に委任し、受託者である妻が長男を指定するなどの場合です。

2つ目は、家庭裁判所に選任してもらう方法です。相続人等の利害関係者が裁判所に選任申し立てをすることで、裁判所が遺言執行者を選任します。遺言執行者は基本的には相続の対象となる方でも、第三者でも誰でもなることができます。ただし例外として、未成年者と破産者はなることができません。

3 遺言執行者が必要なケース

遺言執行手続きをする上で、必ず遺言執行者が必要なケースと、相続人でも手続きが可能なケースがあります。必ず遺言執行者が必要となる主なケースは、次のとおりです。遺言書にこれらの内容項目があるものの、遺言執行者が不在の場合は、すぐに遺言執行者を選任する必要があります。また、これら以外の事項でも、遺言書に記載をすれば執行は可能になります。

・嫡出子でない子を法律上の親子関係にする認知
・相続人の廃除・その取消し
・一般財団法人の設立
など

4 遺言執行の費用の負担者

遺言執行の費用は、民法1021条にて「相続財産の負担」と定められています。相続財産の負担の範囲となるのは、遺言書の検認費用、相続財産の管理費用などです。また、遺言執行者に対する報酬は、遺言に規定があるときはその規定に従い、遺言に規定がないときは、財産状況、その他の事情を考慮して相続人合意のもと報酬を決めるか、家庭裁判所に対し報酬付与の申し立てをする流れとなります。

法務局で自筆証書遺言を保管する制度もある

自筆証書遺言は、手元または家の金庫などに保管される場合が多いのですが、法務局などで保管することで紛失などを防げます。

1 自筆証書遺言書とは？

自筆証書遺言書は、文字どおり、自分で書いて残す遺言書です。ただし、以下の要件を満たしていなければいけません。

・遺言内容を記した全文は自筆（手書き）であること
・日付が記入してあること
・署名・押印があること

遺言書に添付する**財産目録**については、パソコンでの作成や通帳をコピーして添付することもできます。ただし、すべての用紙に署名・押印が必要となります。

2 自筆証書遺言の保管方法

自筆証書遺言の主な保管方法は次のとおりです。

●自宅で保管する

遺言者の死後、発見されやすい場所に保管します。

●信頼できる人物に預ける

行政書士など専門家に預ける場合は、貸金庫などで保管してくれるケースが多くあります。

●法務局の保管制度を利用する

法務省令で定める遺言書の様式を満たす必要がありますが、紛失や改ざんのリスクはありません。

FIGURE 32 遺言書の記載例

遺言書

遺言者 佐藤 太郎は以下に示す遺言を定める。

第1条　遺言者の別紙目録記載第1不動産を、長男佐藤一郎（令和○年○月○日生）に相続させる。

第2条　遺言者の所有する別紙目録記載第2預貯金を、次の者に遺贈する。

住　所　　○○県○○市○○町○丁目番地○
氏　名　　鈴木　花子
生年月日　昭和○○年○月○日

第3条　遺言者は、上記1条及び2条の記載の財産以外の預貯金、有価証券その他一切の財産を、妻佐藤花子（平成○年○月○日生）に相続させる。

第4条　遺言者は、この遺言の遺言執行者として、次の者を指定する。

住　　所　　○○県○○市○○町○丁目○番地○
職　　業　　行政書士
氏　　名　　甲野　太郎
生年月日　　昭和○年○月○日

令和2年2月22日
住所　神奈川県○○市○○区○丁目○番地○
名前　佐　藤　太　郎　㊞

公正証書遺言とは？

公証人立ち合いの元で作成され、公証役場に保管される公正証書遺言は、改ざんや紛失のリスクがありません。

1 公正証書遺言とは？

公正証書遺言とは、公証役場の**公証人**（法律の専門家）が公正証書として作成し、残す遺言書です。公正証書遺言は、以下の流れで作成していきます。

①証人2名の立会いのもとで遺言書を作成する
②完成した遺言書を公証役場で保管してもらう

自筆証書遺言と違い、公証人が立ち合って作成しますので、遺言書の要件をとりこぼすことがなく、形式上も法律上も無効になるリスクは低いです。また保管の面でも紛失などの恐れがないため、安全性も高いといえます。自筆証書遺言の場合は、遺言書を開封する前に**家庭裁判所**にて**検認**しなくてはいけませんが、公正証書遺言は検認がいりません。

公正証書遺言の作成手順
①遺言者本人が遺言内容を検討する
②公証役場に連絡し、相談日時を決める
③公証人に検討した内容を伝え、内容を検討する
④指定された必要書類を用意し、公証役場へ届ける

⑤遺言作成に立ち会う証人2名へ依頼する（公証役場からの紹介も可）
⑥遺言者、証人2名で公証役場にて遺言書の書面を作成する（遺言者、公証人、証人2名それぞれが署名・押印）
⑦公正証書遺言の正本および謄本をもらい（原本は公証役場で保管）、公証人の手数料を支払う

FIGURE 33 公正証書遺言の作成費用

目的財産の価額	手数料の額
100万円まで	5,000円
100～200万円	7,000円
200～500万円	1万1,000円
500～1,000万円	1万7,000円
1,000～3,000万円	2万3,000円
3,000～5,000万円	2万9,000円
5,000万円～1億円	4万3,000円
1～3億円	4万3,000円+超過額5,000万円までごとに1万3,000円を加算した額
3～10億円	9万5,000円+超過額5,000万円までごとに1万1,000円を加算した額
10億円以上	24万9,000円+超過額5,000万円までごとに8,000円を加算した額

※財産の相続または遺贈を受ける人ごとにその財産の価額を算出します。これを上記表に当てはめて、価額に対応する手数料額を求め、これらの手数料額を合算して、遺言公正証書全体の手数料が算出されます。また全体の財産が1億円以下のときは、上記表によって算出された手数料額に、遺言加算として1万1000 円が加算されます。

遺言の部分的な変更と全部撤回（遺言書で注意したい箇所①）

遺言書は、変更や撤回を行うことができますが、撤回をするための要件が決まっています。無効にならないよう注意が必要です。

1 自筆証書遺言の直接訂正

自筆証書遺言では、遺言書の変更したい部分を直接訂正することができます。自筆証書遺言を自宅で保管しているなどの場合、まず変更したい場所を消し、その横に訂正後の文書を記載します。そして訂正印を押します。同時に欄外に、「～行目、～字削除、～字加入」と記載し、署名していきます。しかし、訂正方法を少しでも間違えると遺言全体が無効になる可能性があるので十分注意が必要です。

2 自筆証書遺言の一部取り消し

2つ目の方法は、すでに作成してある遺言書の一部を取り消す内容を記載した遺言書を作成することです。例えば、「令和○年○月○日作成の遺言の○行○○○○の文章は取り消す」という内容の遺言書を書くことにより、以前の遺言書の該当部分は取り消されます。

3 自筆証書遺言を新しく作り直す

遺言は新しい日付のものが優先されます。したがって、すでに作成してある遺言書の一部を書き換えた内容の遺言書を、新たに作成することでも、以前の遺言書の一部を取消すことができます。直接訂正を加えずに新たに遺言書を作成する場合は、自筆証書遺言ではなく、公正証書遺言に切り替えることもできます。

4 公正証書遺言の変更方法

公正証書遺言の原本は公証役場で保管されているため、遺言書自体に直接訂正を加えての変更はできません。公正証書遺言を部分的に変更する場合には、新たに遺言を作成する必要があります。このとき自筆証書遺言に切り替えることもできます。ただし、紛失・改ざん・隠ぺい、誰にも発見されないなどのリスクなどがあるため、自筆証書遺言に切り替えるメリットは薄いといえます。

5 遺言書を全撤回するには？

自筆証書遺言の場合は、部分的な変更と同じく、例えば「令和〇年〇月〇日付自筆証書遺言を撤回する」というような文言を記載した遺言書を書くことにより、遺言書自体を作っていないことにできます。公正証書遺言の全部撤回も、新しい遺言を作成して行います。このとき、以前に公正証書遺言を作成したときと同じく、証人2人と手数料が必要となります。証人は、前回とは別の人に依頼することもできます。

遺言書の撤回に関する民法の規定

（民法1022条）

遺言者は、いつでも、遺言の方式に従って、その遺言の全部または一部を撤回することができる。

（民法1023条）

1項：前の遺言が後の遺言と抵触するときは、その抵触する部分については、後の遺言で前の遺言を撤回したものとみなす。

2項：前項の規定は、遺言が遺言後の生前処分その他の法律行為と抵触する場合について準用する。

遺留分を侵害する遺言は無効になる？（遺言書で注意したい箇所②）

故人が自由にできる遺産であっても、遺族が生活に困らないよう、遺留分として一定額を受け取る権利が保障されています。

1 遺族が最低限受け取れる保証分がある

遺産は故人（被相続人）の財産です。ですので、被相続人は、自分の死後に財産をどう処分するか自由に決められます。しかし、本来なら遺産を相続できたはずの相続人が、まったく財産を受け取れず、生活に困るケースも出てきます。そうならないよう、残された家族が最低限受け取れる財産があります。これを**遺留分**といいます。

2 遺留分を受け取れる権利があるのは？

遺留分を、誰がどの程度受け取れるかは、法律で定められています。右ページ（上段）にあるように、被相続人の配偶者、子ども、両親、兄弟姉妹は**法定相続人**として法律で定められています。このうち、兄弟姉妹以外に遺留分の権利が認められています。

3 遺留分の請求の仕方

遺言の内容で、遺留分が侵害されていた場合、法定相続人は遺留分を請求することができます。請求先は、遺言で財産を受け取る受遺者や、被相続人から贈与を受けた受贈者です。遺留分侵害額請求をする場合、右ページ（下段）のような流れをとります。また、遺留分の権利を相続人自ら放棄することができます。放棄しても相続人の地位を失うわけではありません。

FIGURE 34 遺留分の割合

相続人の組み合わせ	遺留分	各人の遺留分
配偶者と子	法定相続分の1/2	配偶者1/4、子1/4
配偶者と直系尊属	法定相続分の1/2	配偶者2/6、直系尊属1/6
配偶者と兄弟姉妹	法定相続分の1/2	配偶者1/2、兄弟姉妹なし
配偶者のみ	法定相続分の1/2	配偶者1/2
子のみ	法定相続分の1/2	子1/2
直系尊属のみ	法定相続分の1/3	直系尊属1/3
兄弟姉妹のみ	なし	なし

※子や直系尊属が複数人いる場合は、「各人の遺留分の割合」をその人数で均等に分けます。

FIGURE 35 遺留分請求の流れ

①遺留分を侵害した相手と話し合いを行う

遺留分侵害者やそのほかの相続人とも話し合いを行い、当事者間で解決を図ります。話し合いが平行線になる場合は家庭裁判所に調停を申立てます。

②遺留分侵害額請求の調停を申し立てる

相手との間に調停委員が入り、双方の言い分を聞いて調整をはかります。話し合いがまとまれば調停調書が作成されますが、相手が調書の内容を守らない場合、強制執行もできます。

③遺留分侵害額請求訴訟を起こす

調停でも解決しない場合は、裁判へと移行します。侵害額が140万円以内での場合は簡易裁判所、140万円以上の場合は地方裁判所で訴訟を提起します。

エンディングノートと遺言書の違い（遺言書で注意したい箇所③）

最近広く知られるようになったエンディングノートですが、遺言書の代用品ではないことを知っておきましょう。

1 エンディングノートの意義

近年は、残された人へ伝えたいことを記しておくエンディングノートも普及してきました。エンディングノートは、書式や内容について法律で決められていることはなく、どんな内容でも自由に書くことができます。内容としては、家族へ向けたメッセージや、亡くなった後の手続きに必要な情報などをまとめるのが一般的です。

2 エンディングノートと遺言書の違い

エンディングノートは自由に書き込めて手軽なものですが、遺言書がわりにすることはできません。なぜなら、正しく作成された遺言書には法的な効力があるからです。エンディングノートに書かれた内容に従うかどうかは遺族の任意ですが、正しく作成された遺言書の場合、原則として相続人は遺言内容に従わなければなりません。

3 エンディングノートは遺言書の補佐と考える

エンディングノートの内容はあくまでも故人の要望にすぎないので、財産分与の希望などがある場合は遺言書で確実に内容を実行してもらえるようにしておくことが必要です。確実に実現してほしい遺産の相続については遺言書を作成し、エンディングノートはそれを補うためのものとして、補佐的に残しておくのがおすすめです。

エンディングノートと遺言書の違い

	エンディングノート	遺言書
法的効力	なし（要望を伝えるのみ）	あり（従わせる力をもつ）
書き方の決まり	なし	あり
作成費用	無料もしくは比較的安価（無料〜数千円）	公正証書遺言の場合ある程度の費用がかかる（公正証書の場合数万円〜）

エンディングノートと遺言書に記載する内容

エンディングノート	遺言書
・自分の情報 （本籍地、趣味、好な食べ物や好きな言葉など） ・家族との思い出やメッセージ ・緊急連絡先や知人の連絡先 ・ペットの世話に関する希望 ・自分の財産に関する希望 ・各種パスワードなどの情報 ・医療や介護の希望 ・葬儀や埋葬の希望 など	・遺産分割方法や相続分の指定 ・遺言執行者の指定 ・祭祀承継者の指定 ・相続財産の処分 ・相続人の廃除 ・非嫡出子の認知 ・付言事項

自分の気持ちを
わかってほしい

死後、確実に
実行してほしい

任意後見ではカバーできない、自分亡き後のペットの問題について

ペットに関して遺言書に残す方法は、付言事項と負担付遺贈の2つの方法があります。法的効力があるのは負担付遺贈です。

1 負担付遺贈で遺言書に記しておく

ペットを飼っている人にとっては、自分の死後、残されるペットの世話について心配になるはずです。実は、ペットの世話などについて、**負担付遺贈**という方法で遺言書に書き記すことができます。

負担付遺贈とは、遺言によって財産を受ける受遺者に、財産に対して義務の負担などを条件にすることです。つまり、残されたペットの世話をお願いするかわりに、財産を遺贈するという内容の遺言書を遺すわけです。別に**付言事項**という方法がありますが、これはいわば「お願い」のようなもので法的効力はありません。負担付遺贈は法的効力を持つので、実現してもらえる可能性が高くなります。

2 相手の了承は必ず得ておく

負担付遺贈でペットの世話をお願いする場合でも、相手の了承を得ておくことが必要です。なぜなら法的な効力があるものの、受遺者が遺産を受け取らない代わりに負担を引き受けないという選択をするかもしれないからです。つまり、ペットの世話を誰もしなくなってしまいます。そのようなことにならないためにも事前に世話をお願いしたい人の了承を得ておくことが大切です。

3 遺言執行者を指定しておく

もうひとつ遺言で遺言執行者の指定をしておくことも大事です。遺言執行者を指定していないと、財産は受け取ったのにペットをなかなか引き取らなかったり、面倒を見ようとしなかったりするトラブルが起きてしまう可能性があります。遺言執行者が指定されていれば、遺言書の内容通りにペットを引き取って世話をしてもらえているかをチェックしてもらえるので、ペットにとっても安心・安全なのです。

FIGURE 38 負担付遺贈の記入例

第1条　遺言者は、次の財産を姪の〇〇〇（住所、生年月日）に遺贈する。

1．愛犬〇〇（犬種、性別）

2．遺言者名義のA銀行B支店普通預金　口座番号〇〇〇〇のうち金〇〇〇万円

第2条　受遺者は、第1条の遺贈に対する負担として、遺言者が長年飼育してきた愛犬〇〇を引き取り、大切に飼育するものとする。

第3条　〇〇が遺言者より先に死亡した場合、第1条の財産は遺贈しない。

第4条　遺言者は、本遺言書の執行者として次の者を指定する。

住所記載

行政書士　〇〇〇〇

遺言による生命保険受取人の変更について

生命保険の受取人は遺言で指定することにより、本人の死後でも変更はできます。ただしトラブルに発展しない配慮が必要です。

1 遺言で生命保険受取人が変更できる

保険法44条1項により、遺言による生命保険金受取人の変更は可能になっています。もっとも保険会社の保険約款等で受取人にできる範囲が定められていますので、遺言で変更する場合でもこの範囲内の人選をしなくてはいけません。一般的には配偶者や一定の血縁関係者までが範囲となることが多くあります。

生命保険受取人変更の記載例

第〇条　遺言者は、下記の生命保険契約に基づく死亡保険金の受取人を、長男〇〇〇〇（生年月日）に変更する。

記

保険証券番号：12345678
契約締結日：平成〇年〇月〇日
種類：一時払終身保険
保険金額：1,000万円
保険会社名：〇〇生命保険相互会社
保険契約者：遺言者
被保険者：遺言者
死亡保険受取人：遺言者の妻〇〇〇〇（生年月日）

2 受取人変更で起きやすいトラブル

遺言で受取人を変更した場合、トラブルとなる事例があります。次のようなトラブルを回避するために正しく手続きを行います。

①変更前の受取人が保険金を受け取らないようにする

遺言で受取人変更をしても、保険会社が変更事実を知らなければ、変更前の受取人が保険金を受け取ってしまうことになります。したがって、相続人からの「受取人を変更した」という通知が保険会社に届かない限り、保険会社が変更前の受取人の請求に応じて保険金を支払ってしまいます。

②相続人が保険会社への通知を拒否する場合がある

相続人が、保険会社への受取人変更通知を拒否すると、保険会社は変更を知らず、元の受取人に支払うことになります。これを防ぐためには、遺言執行者を指定し、遺言執行者から保険会社へ通知してもらうようにします。

③遺言無効の主張をされないよう公正証書遺言で残す

受取人変更に納得がいかない場合、元の受取人から遺言書の無効を主張されることがあります。そのような場合、例えば、遺言者の認知症、第三者が意図的に書かせたなどの理由を挙げるケースが多くあります。遺言を自分で作成する自筆証書遺言だと、無効を主張される要素が生まれやすいので、保険金の受取人変更を遺言に含めたいときには、公正証書遺言にしたほうがよいでしょう。

法改正で新設された配偶者居住権とは？

配偶者居住権により残された配偶者が、いままで通り自宅に住み続けることができます。ただし勝手な増築などは行えません。

1 2020年から施行された新制度「配偶者居住権」

自宅の名義人である配偶者が亡くなると、遺された配偶者がその家に住み続けられるかどうか心配になるもの。しかし、遺された配偶者の名義でなければ、自宅は相続財産になります。つまり、ほかの財産と同じように相続人の間で遺産分割の対象となってしまいます。しかし、残された配偶者からすると、いままで住んでいた家が突然失われる可能性が出てくるため、生活する上で大きな困りごとになりかねません。そこで、2020年4月1日より、**配偶者居住権**という新たな権利を認める制度が施行されました。

2 配偶者居住権は終身制度

不動産の所有権は、その不動産を「使用（居住）」「売却などの処分」などができる権限のことです。配偶者居住権は、このうち「使用（居住）」権利のみを配偶者に相続させられる制度です。配偶者居住権は終身制度ですので、残された配偶者が死亡するまで存続し、亡くなった時点で消滅します。ただし、存続期間は、相続人間の合意がある場合や、遺言で自由に決められるようになっています。

3 配偶者居住権の注意ポイント

配偶者居住権は、あくまで使用権利であり、相続した財産ではありません。したがって、賃貸契約のような注意点があります。例えば、バリアフリーのために必要ではあったとしても、勝手な増改築はできません。また第三者に配偶者所有権そのものを譲渡できませんので、介護施設に入るために自宅を売却するということも認められていません。ただし、自宅を手放さなければ介護施設への入所はもちろん自由ですし、所有者（相続人）の承諾を得て賃貸物件として貸し出すことはできます。賃料収入を得て介護施設の資金を確保するというケースもあります。

FIGURE 40 配偶者居住権

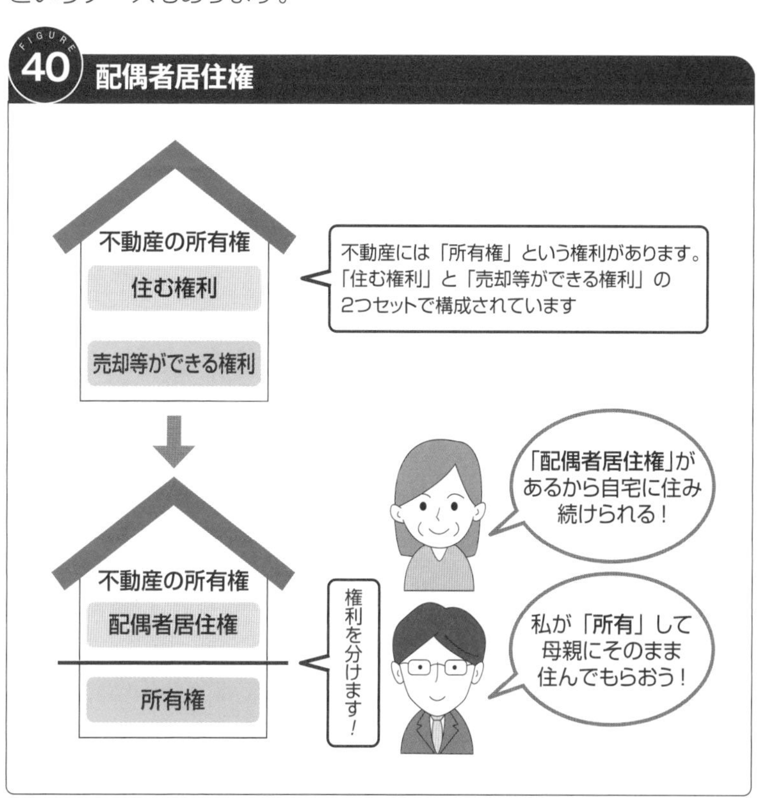

祭祀承継者の指定を知っておく

お墓や仏壇、系譜、お参り用の祭具などを祭祀財産といい、引き継ぐ人を遺言で指定できます。指定されたら拒否ができません。

1 お墓や位牌を引き継ぐ祭祀承継者

自分が管理しているお墓や位牌を第三者に引き継いでもらいたいときには、**祭祀承継者**を指定しなくてはいけません。祭祀承継者とは祭祀財産を引き継ぎ、祭祀を主宰する人のことです。祭祀承継者になるための資格や条件は特にありませんので、家族でも知人でも、誰でも遺言書によって指定をすることはできます。注意しなくてはいけないのが、指定された場合、祭祀承継者になることを拒否することができないという点。これがもとでトラブルにならないよう、事前に了承を得ておく必要があります。

2 お祭祀承継者はどんな役割を果たす？

祭祀承継者が果たすべき義務や役割は、一般的には次のようなことです。

- お彼岸やお盆などのお墓参りや清掃、管理費の支払いなど、お墓の維持
- お寺の行事や僧侶との付き合い（寺院の檀家である場合）
- 仏壇の管理や、お彼岸やお盆、命日などの僧侶の手配
- 年忌法要やお盆・お彼岸など法要の主宰（僧侶への依頼、会場予約など）

こうした義務や役割を果たす上での費用は、祭祀承継者の負担になります。しかし祭祀承継者は他の相続人や親族に対して、費用を請求できるとは限りませんし、他の相続人よりも多くの財産をもらえるよう主張できるわけではありません。ですので、系譜や祭具の処分、**墓じまい**など祭祀財産を処分するなどして、負担を減らすことは違法ではありません。もっとも遺族の承認なしに処分をするとトラブルのもとになりますので、注意が必要です。

3 祭祀財産とは？

祭祀財産とは、民法第897条で系譜、祭具、墳墓であると定められています。祖先や神仏を祀るために必要な用具・備品などのことだと考えればよいでしょう。祭祀財産は相続財産ではありませんので、遺産相続の対象にはなりません。遺言や遺産分割協議、法定相続などによって相続人が相続することはありません。

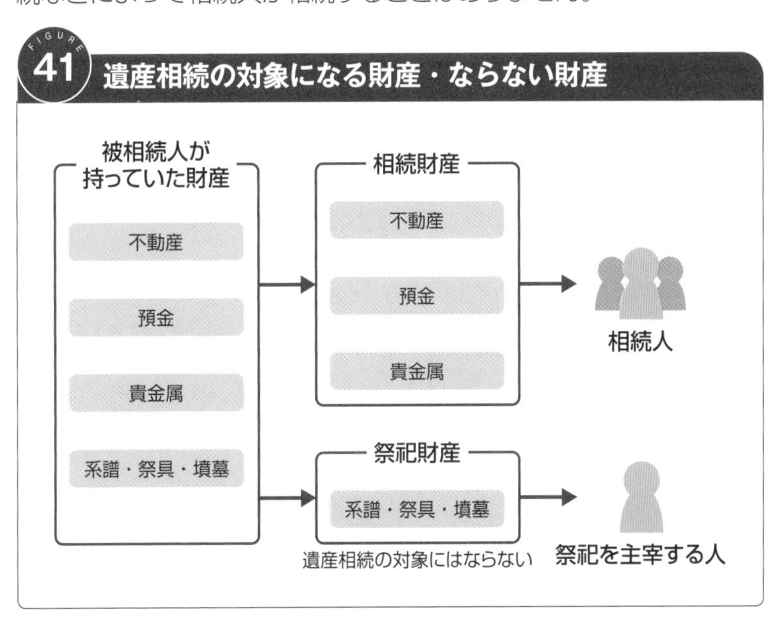

Column

遺言書よくある間違いQ&A

Q：遺書と遺言書は同じもの？

A：「遺」と「書」という感じが使われているので混同する人も意外に多いのですが、全然違うものです。遺書は、自分の死後に読んでもらいたい手紙のこと。遺言書は、自分の死後に遺産の分け方などを指示する書類です。遺言書で指示できる内容は民法などで定められていますが、付言事項という形で遺族へのメッセージを書くこともできます。

Q：遺言書は一度作成したら永遠に内容を変えられない？

A：そんなことはありません。遺言書は、何度でも書き直せますし、内容が異なる遺言書の場合、一番新しい遺言書が有効とされるよう決まっています。ただし、遺言書のルールに則って書かれているものであることが前提です（当たり前ですが、不備があり無効になった遺言書だと変更自体ができません）。

Q：お金持ちじゃないなら遺言書は不要ですよね？

A：どこからがお金持ちかにもよりますが、例えば不動産などの財産は多くの方が所有しているでしょう。遺言書がなければ、遺族が協議を重ねる必要も出てきて、負担が大きくなってしまいます。財産の大小に関わらず、遺族のことを思うなら遺言書を書いたほうがよいでしょう。

Q：遺言に書いた財産は、この先ずっと処分してはいけない？

A：そんなことはありません。例えば、遺言書で「長男に自宅を相続させる」と書いていたとしても、生前に自宅を売却することはできます。遺言内容と違う行動をした場合には、遺言の一部（長男に自宅を相続させるという部分）が撤回されるだけなので、問題はありません。

家族に法定後見を申しこんでもらうには？

後見人がつく前に認知症が進行した場合などは、本人に代わって家族が申立てる必要があります。この章では法定後見の申立てについて解説していきます。

成年後見が必要になる認知レベル

本人の利益を守るために代理として法律行為を行うのが成年後見制度です。後見人には、代理権、取消権、同意権が与えられます。

1 成年後見人には3つの権限がある

成年後見制度は、家庭裁判所が選出した成年後見人が、本人の利益を守るために、本人の代理として法律行為ができる制度です。ここでいう法律行為を行うために、成年後見人には、代理権、取消権、同意権という権限が与えられています。後見人が持つ3つの権限は、本来は本人が持っていた権利です。その権利が後見人に移行するということは、本人の権限が一部なくなるということになります。したがって、本人の判断能力がどの程度まで残っているかを客観的に証明することが必要になります。

2 本人の判断能力により3つの度合いに分かれる

判断能力がどの程度まで残っているかは、人それぞれ異なります。ですので、成年後見では、判断能力を3つの度合いに分け、なるべく本人以外の介入をしないことを原則にしています。判断能力の度合いによって後見人の役割も変わり、意思疎通が最も難しい順から「成年後見（人）」「**保佐**（人）」「**補助**（人）」と呼び方が変わります。法定後見と保佐の申立てには、本人の同意は不要になります。ただし、判断能力がまだ認められる補助のレベルにあるならば、本人の同意が必要となります。

FIGURE 42 成年後見の3つの度合い

	法定後見	保佐	補助
判断能力の状態	認知症、知的障害、精神障害などにより、自分で理解・判断が一切できない	精神上の障害により、理解・判断能力が著しく欠けている	精神上の障害により、理解・判断能力が不十分である
本人の同意	不要	不要	必要
同意権取消権の付与対象の一例	日常に関する行為以外の行為（後見人が取り消し可能） ※同意権はありません	預貯金の払い戻し、利息付きでお金を貸す、賃貸物の返却（本人だけでは実行不可）	「預貯金の払い戻し、利息付きでお金を貸す、賃貸物の返却」の中から選択したもの（家庭裁判所が定めたもの／本人だけでは実行不可）
代理権の付与対象	財産管理、生活の組み立てに関する全法律行為（本人の同意不要で後見人が代理可能）	財産管理、生活の組み立てに関する法律行為の中から選択したもの（家庭裁判所が定めたもの／本人の同意があれば保佐人が代理可能）	財産管理、生活の組み立てに関する法律行為の中から選択したもの（家庭裁判所が定めたもの／本人の同意があれば補助人が代理可能）

後見の具体的な役割とは？

認知症が進み、日常の大半で判断能力に欠けている場合は後見人が代理権、取消権を行使しながら支えていくことができます。

1 重度の認知症になると後見が必要

認知症が進み、自分はおろか家族の名前や顔までわからなくなってくると、本人の判断能力が著しく欠如している状態だと判断できます。このような重度の認知症になった場合に、後見が必要になります。

2 後見人には代理権と取消権がある

重度の認知症の場合、本人は自力でお金の貸し借りや、施設への入居などを検討することは難しくなりますし、当然、ひとりで決められなくなります。契約内容が適切かどうかなど妥当性を判断できないからです。そこで後見人が本人に代わって財産管理や身上監護などを行える代理権をもとに動くことになります。同時に、本人が判断能力を欠いた状態で行った契約など法律行為を取り消す、取消権も行使できるようになります。

3 本人の希望はできるだけ配慮

自力で物事を判断することが難しくなったとしても、後見人は本人の希望には最大限配慮していきます。例えば、施設への入居ではなく、できるだけ自宅で過ごしたいという希望がある場合は、可能な限り検討します。しかし、食事、入浴、排せつなどが困難な場合、本人の資産状態に沿って、介護施設への入所などを臨機応変に検討します。

4 本人の生活に大きな影響がある場合は家裁に相談

後見人は代理権を持ってはいますが、自宅を処分するなど、本人の生活に大きな影響を与えるものについては独断できず、家庭裁判所の許可を受けることになります。

FIGURE 43 後見人の主な責任と役割

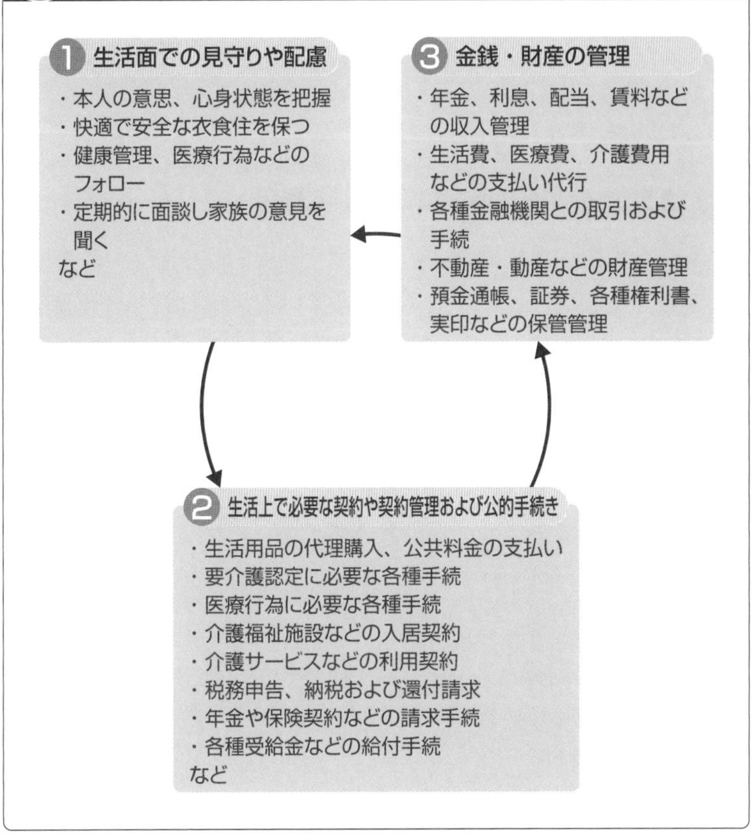

① 生活面での見守りや配慮

・本人の意思、心身状態を把握
・快適で安全な衣食住を保つ
・健康管理、医療行為などのフォロー
・定期的に面談し家族の意見を聞く
など

② 生活上で必要な契約や契約管理および公的手続き

・生活用品の代理購入、公共料金の支払い
・要介護認定に必要な各種手続
・医療行為に必要な各種手続
・介護福祉施設などの入居契約
・介護サービスなどの利用契約
・税務申告、納税および還付請求
・年金や保険契約などの請求手続
・各種受給金などの給付手続
など

③ 金銭・財産の管理

・年金、利息、配当、賃料などの収入管理
・生活費、医療費、介護費用などの支払い代行
・各種金融機関との取引および手続
・不動産・動産などの財産管理
・預金通帳、証券、各種権利書、実印などの保管管理

保佐の具体的な役割とは？

日常的にしっかりしている時間帯もあるが、判断能力の衰えが顕著なときは、保佐人が限定的な代理権を用いて支えていきます。

1 多少でも自分で判断できれば保佐人がつく

本人の判断能力が著しく不十分だと判断できる場合、家庭裁判所への選任をもとに、保佐人を選出してもらえます。レベル感としては、認知症の症状は軽いが、財産の管理などには一抹の不安があるというラインです。

2 特定の法律行為のみに限定して代行

保佐の役割も、主には財産管理と身上監護になりますが、後見と比べて本人が行える範疇が広くあります。いうなれば「本人ひとりでは財産管理と身上監護に不安があるものの、サポートがあれば大丈夫」という本人に対し、契約などフォローを行う立場になります。

3 家裁への申立てにより選出される

保佐人を選出するには、家庭裁判所へ申立てを行います。後見には全般的な代理権がありましたが、保佐の場合は家庭裁判所が指示する特定の法律行為のみに限定されるようになっています。したがって**代理行為目録**という、「なにを代理してほしいか」という一覧を作成する必要があります。保佐人は同意権を行使して、限定的な範囲で本人を助けていきます。したがって重要な法律行為は保佐人同意の上、本人が行います。

FIGURE 44 保佐人の役割

保佐人とは

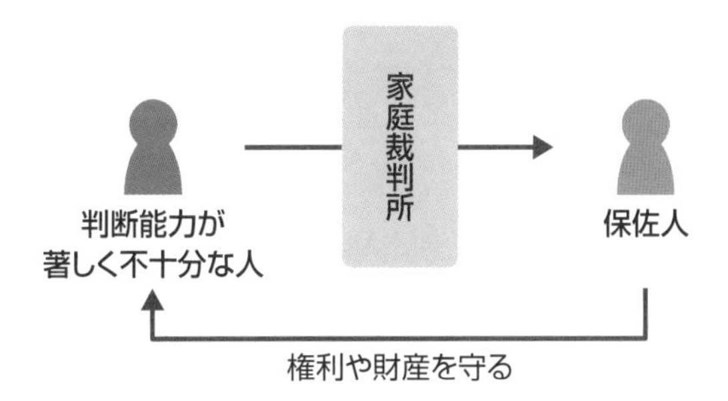

保佐人と後見人の違い

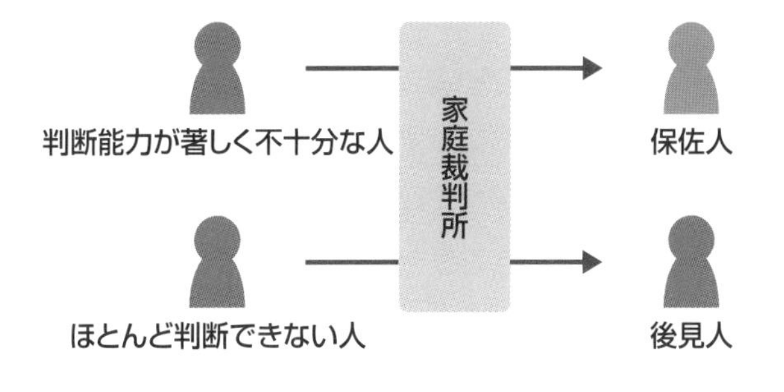

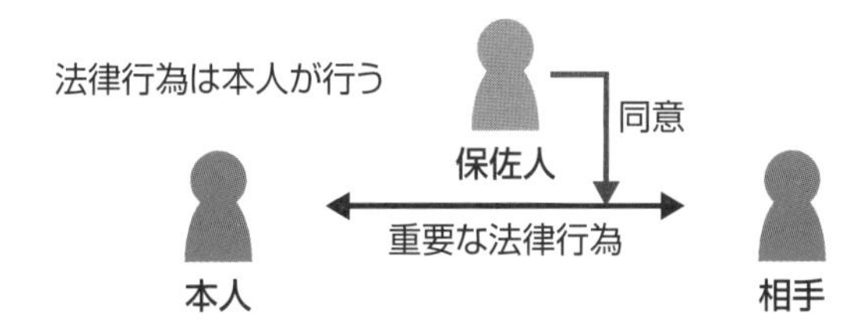

補助の具体的な役割とは？

判断能力の衰えはあるが自覚もあり、意志疎通がまだできている人へのフォローは補助人が行っていきます。

1 判断能力に不安が出てきた場合に選任

本人の判断能力に衰えが見られはじめたものの、まだコミュニケーションがしっかりととれ、本人も判断能力への自覚ができているような場合には、補助をつけることができます。例えば、財産の管理や処分など、「しなくてはいけない」という意識はしているものの不安がある場合などが該当します。

2 保佐人同様に同意権がある

補助人は、保佐人と同じように同意権を持っています。お金の貸し借りや不動産などの資産売却、担保の設定などの重要な事柄については、本人が単独で行ったとしても、補助人の同意がない場合は取り消すことができます。もちろん補助人は本人の自主性を尊重しますが、いざというときにはブレーキになれるという考え方です。

3 行為には本人の同意も必要になる

補助人の選任に関しても、本人の判断能力が残っているため、保佐人と同様に本人の同意が必要となります。ただし、判断能力の程度がどの程度かを調べるために、家庭裁判所への申立てを行うとき、医師の診断書が必要となります。これは後見、保佐、補助すべてにおいて共通です。

FIGURE 45 後見・保佐・補助の違い

後見	保佐	補助

判断能力が全くない	判断能力が著しく不十分	判断能力が不十分

医師の診断書

家庭裁判所が選出

後見	保佐	補助
後見人に代理権と取消権を付与	保佐人に特定事項に限定した同意権と取消権を付与	補助人に一部同意権と取消権を付与

財産管理では具体的に何を管理する？

後見人の大切な役割のひとつである財産管理。本人が生活に困らないよう、適切かつ真摯にお金まわりを管理する義務があります。

1 危険から財産を守る

後見人の仕事は、主に2つに大別されます。そのひとつが財産管理です。衣食住をはじめ、医療や介護が必要なときなど、本人が生活をする上で何かと支払いがついて回ります。そのために本人の財産管理が大切ですが、判断能力が不十分だと困ることになりかねません。場合によっては、いたずらに高額商品を購入させられたり、借金の保証人にされたりする危険性もあります。そのようなことにならないよう、また生活に困らないよう、後見人が財産を適切に管理し、必要な支払いのサポートを行います。

2 日常的な買い物は本人も行える

財産管理というと、まとまった大きなお金を管理する資産管理のようなイメージがつきますが、そうではありません。あくまで収入と支出のバランスが狂わないよう適切に管理するのが後見人の役割です。また、すべての財産を後見人が管理するわけではなく、日常的な買い物などは本人が行うこともできます。

後見人が管理する財産の一例および手続き例

財産の把握・管理	・預貯金の管理および口座変更、口座解約などの折衝 ・振り込みや払い戻しの各種手続き ・銀行、金融機関などへの問い合わせ ・収入と支出のバランスを鑑みての収支計画と生活計画の作成 ・後見人の財産と区別するための名義変更 ・定期預金や証券の解約および現金化（必要に応じて）
収入の受け取りや支払い	・地代家賃の受け取りおよび支払い ・年金の手続きや受け取りおよび年金事務所での更新など ・入院保険ほか各種保険金の受け取り ・各種ローン返済、リース料支払い
各種支払いおよびその準備	・本人に必要なお金の引き出し ・生活費の送金 ・公共料金、介護サービス費用、医療・入院費などの支払い
重要書類の保管	・登記済み権利書、登記識別情報の保管および事務処理 ・実印、銀行印、印鑑登録カードなどの管理 ・請求書、領収証、振り込みの控えなどの管理
不動産の管理	・火災保険手続き ・バリアフリーなど工事の契約 ・マンション管理会社への管理料支払いや各種交渉 ・不動産売却のための各種手続き
税金対応	・所得税や住民税の申告および納付 ・非課税の申告 ・固定資産税の納付
相続対応	・遺産分割協議への参加と本人の遺産確保 ・相続に関する名義変呼応および不動産登記など ・贈与、遺贈の受諾 ・寄与分の申立て ・遺留分に関する請求や申立て

よりよい生活を組み立て直すには？

後見人の役割のひとつである身上監護とは、本人の生活の質を保ち、快適に暮らすための生活を組み立てることです。

1 後見人が本人の生活を組み立てる

後見人の大きな仕事のうち、もうひとつが身上監護です。身上監護は、本人の生活をしっかりと組み立てるということ。つまり、身の回りのことを自分で決められなくなってしまった本人の生活（医療、介護、食事、買い物など）に関する意思決定を後見人にサポートしてもらったり、場合によっては意思決定を行ってもらいます。

2 後見人の役割はあくまで選択や手続きのみ

本人が快適に暮らすために必要な選択を行ったり、手続きを代行したりするのが後見人の仕事です。例えば食事や入浴の介助などは、後見人の役割にはあたりません。ただし、家族が後見人の場合は、後見人というより、家族の一員として介助を行うことはありえます。後見人は実際には介助行為は行いませんが、ヘルパーや介護サービスの手配など環境を整えるための契約については任せられます。

3 定期的に状態確認をしてもらう

身上監護において、定期的に本人と面会をしてもらうことも、後見人の大事な役割のひとつ。本人の意思を確認したり、現在の住居や医療の状況が、本人の希望に即しているか、または過不足がないかなどを判断してもらったりすることもできます。

FIGURE 47 代表的な身上監護の内容

医療に関すること	・受診結果や病状を正しく把握し、治療方針などを選択。支払いまで行う ・本人に適する医療機関の情報を集めたり、医療サービスの決定を行う ・医療機関への受診、入院手続きなどの検討や手続き ・本人の状況に応じて各種リハビリの手配を行う など ※手術や入院、健康診断を後見人が強制することはできません ※本人の医的侵襲行為について同意はできません
住居に関すること	・借地・借家の賃貸借契約および家賃の支払いなどを行う ・高齢者住宅や施設に関して本人に最適な情報を集める ・本人の新たな住まい探しおよび入居手続き、契約から支払いまで ・電気やガス、水道などの使用開始および使用終了の手続き ・持ち家の固定資産税の支払い ・家屋の修繕や増改築にまつわる請負契約の締結 ・持ち家の各種維持管理にまつわるサービスの契約 など
介護・福祉に関すること	・ケアマネージャーや相談支援機関との契約 ・入居希望先の見学にまつわる手続き ・ヘルパー利用を希望する際の情報収集ならびに申しこみ ・ケアプランやサービスの利用計画、個別の支援計画の状況確認 ・要介護認定や障害者手帳の手続き など
余暇・日常に関すること	・嗜好品などの購入手配および支払い ・本人が就労できる場合はその雇用契約 ・支援者との打ち合わせや報告 ・本人との面会および状況把握、ヒアリング ・家族や介護・医療従事者からの情報収集 ・必要に応じて関係各所への改善要求
その他	・後見事務契約書や報告書、経過記録の作成 ・記録などをもとに家庭裁判所への状況報告 ・必要に応じた訴訟行為 など

いざ相談したいときはどこに行けばいい？

相談窓口と利用の申立てを行う先は違うので注意。相談窓口で一般的なのは地域包括支援センターや行政書士など専門家です。

1 相談窓口はどこにあるか？

成年後見制度の利用を考えるとき、最初に迷いやすいのが相談窓口でしょう。制度を申しこむ窓口は複数あります。最も身近なのが地域包括支援センター。このセンターは各市区町村に設置されており、高齢者の暮らしや介護問題をサポートする機関です。また、社会福祉協議会（地域によっては後見センターなどと呼ばれるところもある）や法テラス（日本司法支援センター）などでも相談をすることはできます。ほかに行政書士、弁護士、司法書士ら士業が身近にいる場合は、直接相談することも可能です。

2 相談窓口と申立て先は異なる

ただし、ここで紹介した窓口は、あくまで相談のための窓口です。成年後見制度を申し立てる先は家庭裁判所となります。申立てる前に、詳しく知りたいという場合は、170ページの一覧などから最寄りの相談窓口を探すとよいでしょう。

なお、相談に行く前に、後見人にできることとできないことを整理しておくと、スムーズに相談が進んでいくはずです。右ページを参照に、相談内容の目途をつけておきましょう。

FIGURE 48 後見人にできること・できないこと

後見人にできること

同意取消	・本人にとって不利益となる契約を取り消してもらえる（後見人） ・同意してよいかどうかを判断し、契約相手に伝えてもらえる（保佐人、補助人）
財産管理	・通帳や証書など重要書類を保管してもらえる ・銀行でお金の引き出しや支払いをしてもらえる ・年金の入金確認や証券、不動産の管理・解約をしてもらえる
生活環境	・介護施設を含めて、住まい探しや契約ごとをしてもらえる ・リフォームに必要な手続きをしてもらえる ・介護や医療サーボスの調整、契約、支払いなどをしてもらえる ・食料品などの定期購入契約などをしてもらえる
役所手続	・介護保険などの利用手続きをしてもらえる ・医療還付金の手続きをしてもらえる
緊急対応	・入院手続きや親族への連絡をしてもらえる ・急変時の方針相談、病状の聞き取りをしてもらえる ・急変時の看取りの立会いをしてもらえる
生活維持	・本人の状態を把握するために定期的に面会をしてくれる ・本人に関わる周囲の人たちとコミュニケーションをはかってくれる（医療関係者、介護従事者など） ・医療関係者、介護従事者などに対して、より本人の希望に即した生活になるよう相談をしてもらえる

後見人にできないこと

保証・身元引受	・第三者が後見人である場合は、身元引受人や身元保証人にはなれない
財産の使用	・本人のため以外に財産を使うことはできない（夫婦等扶養義務がある場合などは除く） ・投資や投機商品の購入を依頼することはできない（本人の財産を減らす行為は不可） ・本人の家族への生前贈与、第三者への贈与手続きは依頼できない ・相続税対策を依頼できない
事実行為	・食事、入浴、着替えなどの介助は依頼できない ・掃除や買い物などを依頼できない（介護など身の回りの世話をするサービスへの契約は依頼できる）
身分上の行使	・本人の結婚・離婚、養子縁組、認知、遺言書作成などの身分上の行為は権限にない
手術への同意	・体を傷つける医的侵襲行為を本人に代わって同意することはできない
死後事務	・本人死亡後、最低限の支払いや手続き以外のことを依頼できない（相続人に引き継ぐ） ・本人が死亡した後の相続手続きはできない ※任意後見の場合は死後事務の委任契約があれば死後事務を行うことができる ※特別な事情がある場合は家庭裁判所に相談、許可を得た上で、火葬や埋葬、役所手続きができる可能性がある

申立てるのは自分がいいか専門家がいいか？

成年後見制度の申立ては家庭裁判所で行います。申し立てができるのは、本人含む４親等以内の親族等となります。

1 家庭裁判所へ申し立てる

成年後見制度の申立てのことを後見（もしくは保佐・補助）開始の審判の申立てといいます。つまり、判断能力が低下した本人の後見人を決める決定をお願いしたいという申立てになります。この申立ては、すべて家庭裁判所に対して行います。

2 申立人は4親等以内の親族等

申立てを行う人のことを**申立人**といいます。申立人になるには条件があり、4親等以内の親族等と法律で定められています（具体的には、右ページの表を参照してください）。

申立てを行うためには、さまざまな書類を準備する必要が出てきます。書類のまとめ方がわからない、毎日の仕事が多忙で時間がさけないなど、困難を伴う場合は、士業などの専門家に書類作成・取得の代行依頼をするのもお勧めです。依頼にあたっては別途費用が必要となり、その費用は本人の財産から支出することができない点にだけ注意しましょう。

もし本人に親族がいない場合、もしくは、親族が非協力的で申立人になってもらうのが難しい場合などは、役所が代理で家庭裁判所への手続きを執り行うという臨時措置（市区町村申立て）もあります。

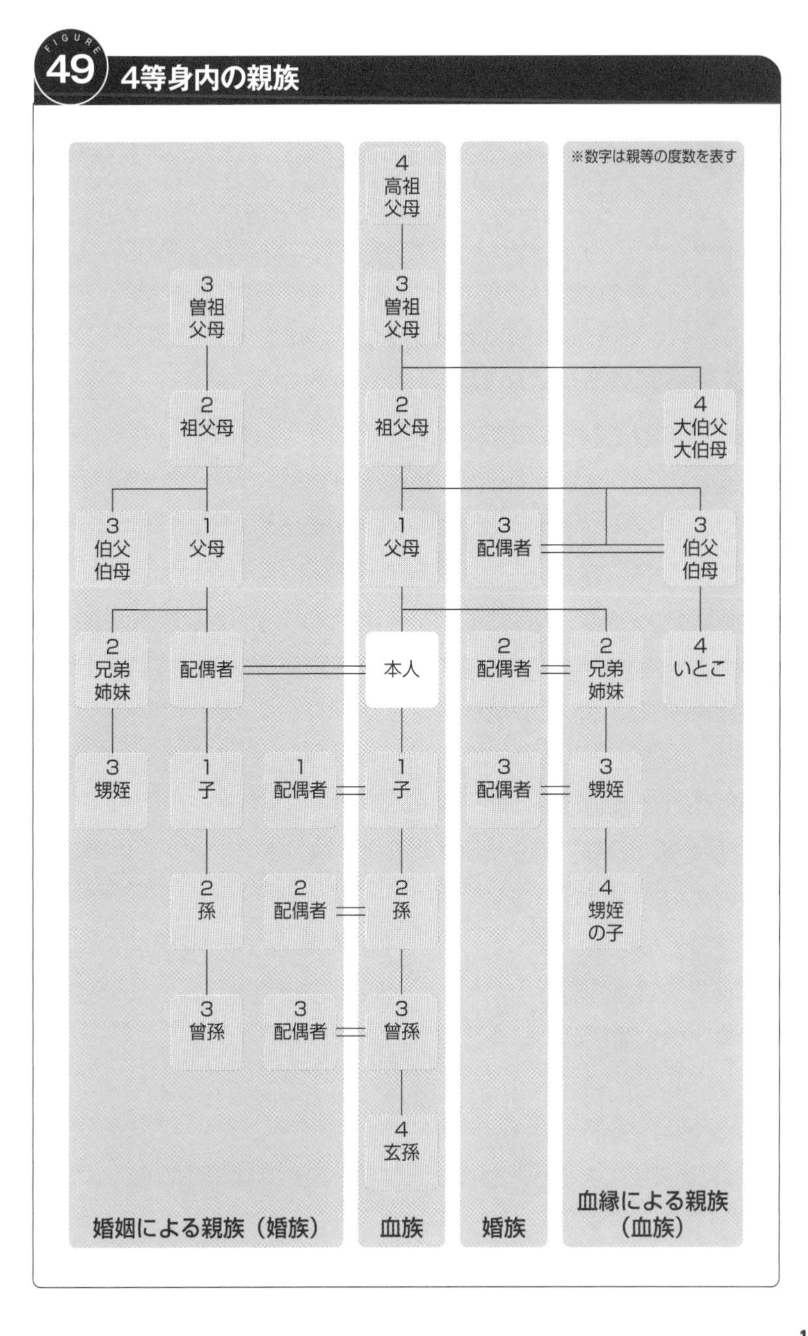
FIGURE
49
4等身内の親族
※数字は親等の度数を表す
4
高祖父母
3
曽祖父母
3
曽祖父母
2
祖父母
2
祖父母
4
大伯父
大伯母
3
伯父
伯母
1
父母
1
父母
3
配偶者
3
伯父
伯母
2
兄弟
姉妹
配偶者
本人
2
配偶者
2
兄弟
姉妹
4
いとこ
3
甥姪
1
子
1
配偶者
1
子
3
配偶者
3
甥姪
2
孫
2
配偶者
2
孫
4
甥姪
の子
3
曽孫
3
配偶者
3
曽孫
4
玄孫
婚姻による親族（婚族）
血族
婚族
血縁による親族
（血族）

後見人はどうやって決まる？

申立てから後見開始までの間には、さまざまなステップがあります。申立て後、およそ1～2ヵ月で審判に至るのが一般的です。

1 家庭裁判所による審理のポイント

後見の申立てから後見開始までにはいくつかのステップがあります。必要な流れを経て、後見人が決まり、後見活動が開始されます。次図のSTEP 8の審判が確定したら、後見人および必要に応じて後見監督人の選任があり、後見の範囲や内容が決められます。申し立てから確定までは一般的に1～2ヵ月かかります。主な流れは右ページの図のとおりですが、ここでは特に重要なSTEP7の家庭裁判所による審理のポイントを解説します。

ポイント①　調査

審理を始める際、家庭裁判所による調査が入ります。この際以下のようなことを聞かれます。

- **申立ての理由**
- **後見人候補の事情**
- **本人の生活状況**
- **補助の場合は本人の同意の有無**
- **親族（法定相続人）への照会**

ポイント②　審問

家事裁判官による審問が行われます。ここで確認されるのは以下のようなことです。

- **必要に応じて面談が行われ、申立人や本人から事情を聴かれる**

ほか、本人の意思が確認される

・本人の障害の程度、援助の必要性などを確認するため、本人に直接会って話を聞かれる

ポイント③　鑑定

医師による鑑定が行われます。特に保佐、後見を利用したいという申立ての場合、本人の判断力や障害の程度を医師が鑑定します。

家族でも後見人に選ばれないことがある？

家族・親族が後見人になるには、使い込みなどの不正を防ぐためにも、後見監督人が置かれることが多くあります。

1 家族・親族が後見人になれないことも

後見人は、身近にいる家族・親族に頼みたいと考えやすいものですが、実は希望どおり選任されるとは限りません。特に近年は、かなり厳しくジャッジされる傾向にありました。なぜ家族・親族の後見人選任が厳しくなったか、理由はいくつかありますが、一番は家族・親族の勝手な使い込みが原因だとされています。

2 問題となった財産使い込み

家族・親族が後見人になった際、本人の財産を勝手に使い込まれてしまうというケースは、財産侵害事件の8～9割にものぼるといわれています。ここまで被害が広がるのは、成年後見制度を正しく理解していない、家族・親族ゆえに「他人の財産を預かる」という意識が希薄になってしまうという理由が挙げられます。そこで、家庭裁判所としては、より財産に対する線引きを明確にし、被害を縮小させるために、あえて第三者の専門家や団体などを後見人に選ぶというケースが増えていたのです。

3 後見人をチェックする後見監督人とは？

家族・親族が後見人になるためには、いわゆる後見人をチェックする係となる、後見監督人を付けることで後見人に選任されることもあります。後見監督人は、本人に代わって後見人が行った財産管理や身上監護などの状況を確認し、不正なく適切に後見人の役割を全うしているかを確認します。もし不正が発覚したら、後見監督人が家庭裁判所に後見人解任請求を申し立てたり、後見人の代理をするなどの緊急対処を行うケースもあります。

4 利益が絡む場合も監督人が必要

また家族・親族で後見人になる場合、相続の問題も関係してきます。仮に夫が亡くなった場合、妻（本人）の後見人を子が務めていたら、ともに同じ相続人という立場になります。このように財産に関する立場が重複する場合には、本人や後見人に代わって監督人が遺産分割協議に参加するケースもあります。

FIGURE 51 後見人等による不正事例

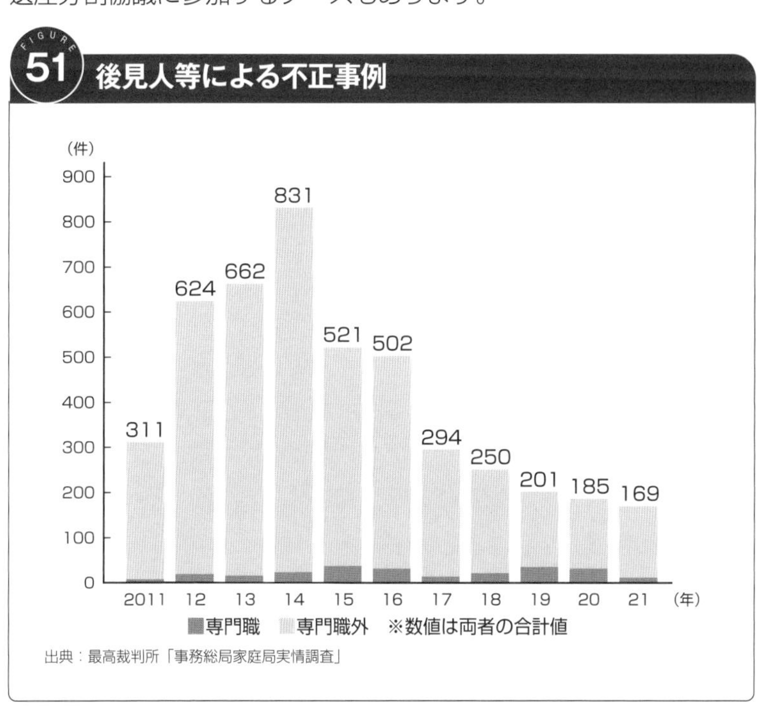

出典：最高裁判所「事務総局家庭局実情調査」

専門家の資格で違いはある？

成年後見を請け負う第三者で最も多いのは、行政書士、弁護士、司法書士、社会福祉士という４資格です。

1 成年後見に多い4資格

成年後見に多い資格としては、行政書士、弁護士、司法書士、社会福祉士の4資格が挙げられます。これら専門職には成年後見を専門とした団体が研修を行っており、その研修を受講した人が後見業務につきます（ただし専門団体への加入は任意なので、研修を受けても団体加入していない場合もあります）。また後見人としての活動を各団体に報告し、チェックを受けるという体制が整っています。それぞれの専門家に相談したい場合、有資格者が近くにいなければ、専門団体を訪ねることで相談ができます。専門団体は170ページに一覧がまとめてありますので、参考にしてみてください。

2 行政書士が後見人につく場合

行政書士は、権利義務や事実関係の証明に必要な書類作成、役所手続きを行う専門家です。例えば契約書の作成や、飲食・建設・不動産業などの許認可申請、自動車登録など多岐にわたる分野を扱います。任意後見契約の原案作成や遺言書作成支援、相続の話し合いを法的文書にまとめるなどの役割を担えます。

3 弁護士が後見人につく場合

弁護士は、裁判や交渉事などにあたって、依頼者の代わりに法律行為をする専門家です。本人がトラブルに巻き込まれたり、相続などのもめごとが起きたときなどに活躍できます。特に本人の資産が多額であったり権利関係が複雑な場合は、弁護士が後見人につくことがあります。

4 司法書士が後見人につく場合

司法書士は、登記の専門家です。土地や建物の持ち主、会社役員を選出した際に法務局への登記を行ってくれます。簡易裁判では、代理人として訴訟に関わることもあります。後見においては、不動産の売買、相続にともなう不動産の名義変更などを依頼しやすくなります。

5 社会福祉士が後見人につく場合

社会福祉士は、介護や障害者支援などの福祉制度に長けた専門家で、生活の困りごとを解決に導いていきます。また、依頼者の療養生活を支えるために、各方面の協力関係をネットワーク化し、サポート体制を作り上げていきます。独立している人もいますが、社会福祉法人などに勤務している場合も多くあります。

申立てに必要なものは？

申立てにはさまざまな書類が必要になります。詳しくは、本人の住所地を管轄する家庭裁判所に問い合わせるようにしましょう。

1 書式は全国統一書式が基本

申立てを行う際には、さまざまな書類が必要となります。主な書類は右ページのとおりとなります。基本的には全国統一の書式で、家庭裁判所や各種相談機関のほか、一部は最高裁判所などの公式サイトから入手することができます（168ページ参照）。必要書類の中で、一部重要なものを以下で解説しておきます。なお、これらの書類の取得や作成は専門家に依頼することもできます。

●診断書

判断能力の低下を証明する書類で、後見・保佐・補助のいずれに該当するかを判断してもらうために提出します。診断書の作成には健康保険が適用されないので注意が必要です。また診断書を書いてもらうための事前準備となる、本人情報シートという書類も存在ます。詳しくは医師の指示に従いましょう。

●申立書・申立説明書

後見人をつける必要がある理由を説明する書類で、申立人が作成します。このとき、後見人の候補者（希望者）がいる場合は、申立書にその旨を記載しておきます。大事なポイントととして、財産目録と収支予定表を添付することを忘れてはいけません。

●財産目録・収支予定表・証明資料

財産目録は、本人名義の財産や、本人が相続する予定となっている財産、また銀行口座、証券、保険、不動産、借金、ローンを一覧記載した目録です。収支予定表は、給付されている年金、還付金ほか収入全般と、医療費、介護費、生活費といった支出全般をまとめたものです。財産目録・収支予定表ともに、財産や収支を証明するために必要な資料を添付します。例えば、不動産の登記事項証明書、通帳、保険証券など証書、通帳、領収書などです。

●親族の意見書

申立てに際して、本人に後見人がつくということを親族（相続人）に事前確認することが必須になっています。このとき、親族の同意がすでに取れているとわかればスムーズに手続きが進みますので、この書類はできるだけ用意してから申立てましょう。ただし親族の同意が得られていなくても、家庭裁判所が「本人に後見人が必要」と判断すれば、後見人がつくこともあります。

●その他

- 本人に後見人がついていないことを証明するために「登記されていないことの証明書」を取得するケースもあります。
- 家庭裁判所によっては障害者手帳やその他個別書類の提出が必要な場合もあります。

診断書はかかりつけ医でなくてはいけない？

かかりつけ医がいない場合は、物忘れ外来や認知症鑑別診断がある病院を探しましょう。本人情報シートを持参してください。

1 必ずしもかかりつけ医でなくてよい

後見制度を利用するには、医師の診断をもとに、本人の判断能力の低下を証明することが必要となります。審理の際にも医師による鑑定が行われますが、申立ての際にも医師による診断書が必要となります。このとき、本人の判断能力をよく理解している医師が最もふさわしいといえます。もしかかりつけ医がいない場合は、**物忘れ外来**や認知症鑑別診断がある病院を探すとよいでしょう。

2 認知症鑑別診断とは？

認知症鑑別診断とは、認知症発症の有無、原因となっている疾患や重症度などを見極めるための診察です。鑑別診断を終えるまでに、診察と検査のために2～3回の通院が必要です。一般的には、面談、身体検査、心理学検査、画像検査などが行われます。

3 本人情報シートを活用する

医師が診断書を作成する際、最も大事なのは本人の状態を正しく判断してもらうことです。そこで、診断書の依頼をする際に、本人情報シートの活用もお勧めします。これは、介護・福祉関係者の専門的な視点で、本人の判断能力に関する状況や意思決定の課題などについてまとめてもらう意見書のようなものです。

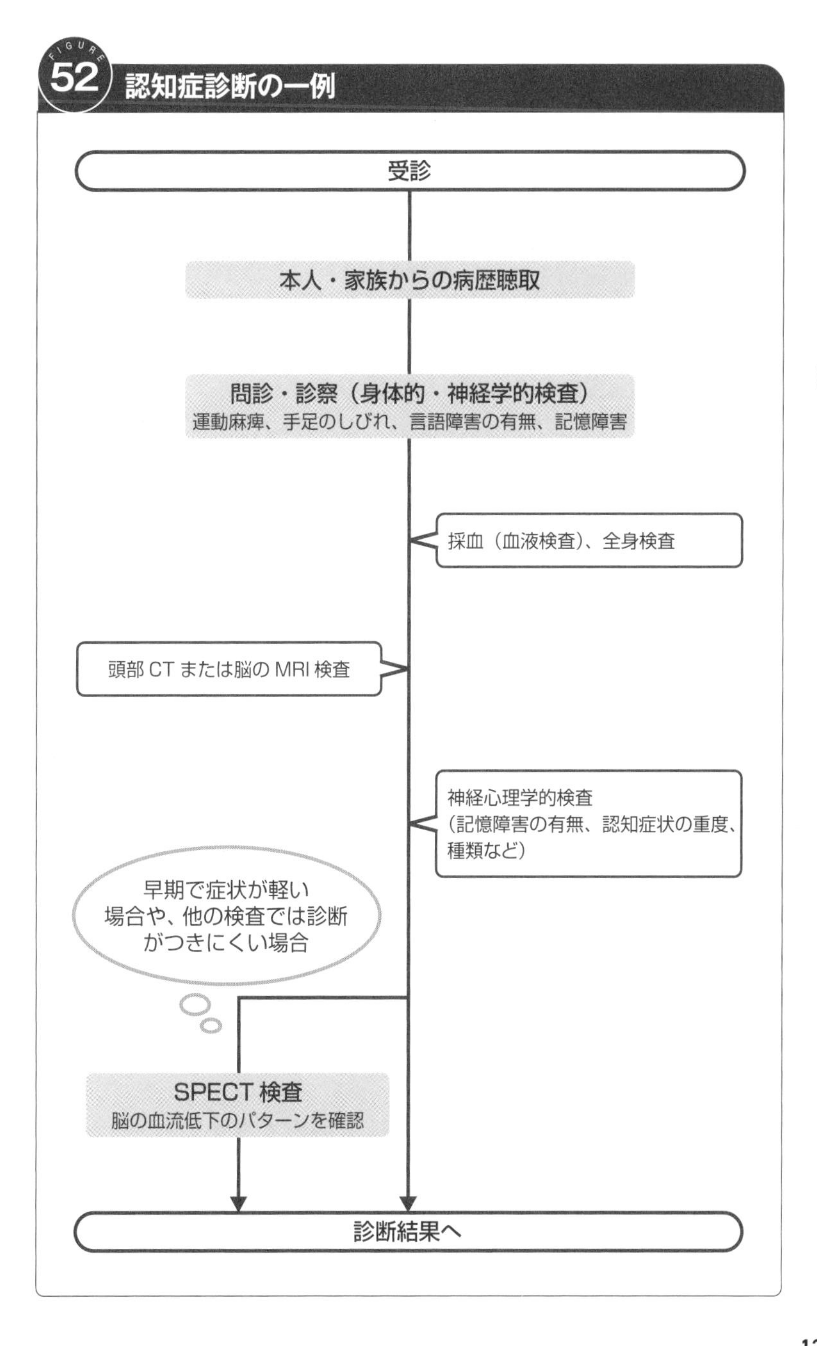
FIGURE
52
認知症診断の一例
受診
本人・家族からの病歴聴取
問診・診察（身体的・神経学的検査）
運動麻痺、手足のしびれ、言語障害の有無、記憶障害
採血（血液検査）、全身検査
頭部 CT または脳の MRI 検査
神経心理学的検査
（記憶障害の有無、認知症状の重度、
種類など）
早期で症状が軽い
場合や、他の検査では診断
がつきにくい場合
SPECT 検査
脳の血流低下のパターンを確認
診断結果へ

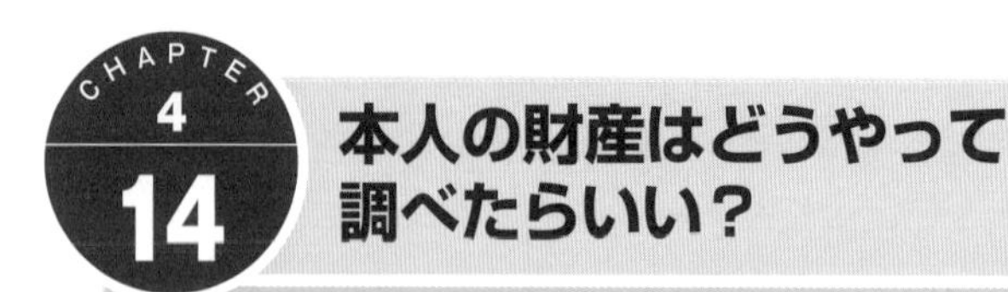

CHAPTER 4 14 本人の財産はどうやって調べたらいい？

生活を把握するだけでなく、後見人の不正を防止する意味合いでも財産目録と収支予定表はとても重要な書類になります。

1 本人にふさわしい後見人を選ぶために

家庭裁判所が後見人を選任するとき、本人の経済状況をもとにふさわしい後見人を判断することになります。経済状況を把握することは、後見人の不正やトラブルの可能性を回避することにもつながります。そのため、本人の経済状況を明らかにするための財産目録と収支予定表の提出が必要になります。

2 家の大捜索にならないよう早めの整理整頓を

財産目録や収支報告書を作成するためには、通帳や証券などのほか、生活費に関する細かい領収書の類のほか、役所からの通知、利用病院や介護サービスの契約書、郵送物に入っている請求書など、ひとつ一つを集めてまとめていく必要があります。ですので、家族といえど「どこにしまってあるか全然わからない」ということも多くあります。そうならないよう、早い段階から整理をしておくほうがよいでしょう。

3 探しきれないものは後見人に依頼もできる

もしどうしても探しきれないものについては、後見人がついてから、後見人に調べてもらうことができます。例えば銀行口座の預金額などは家族が問い合わせても教えてくれないため、後見人に問い合わせてもらうほかありません。ただし後見人が口座残高は家族に対して教えることはできません（後見人が家庭裁判所へ報告します）。詳しくは152ページを参照してください。

FIGURE 53 財産目録と収支予定表

財産目録の例

1　預貯金・現金

No	金融機関名称	支店名	口座種別	口座番号	最終確認日	残高(円)	管理者	資料
1	○○銀行	○○支店	普通	00000-00000000	令和○年○月○日	○○円	申立人	有
2	○○銀行	○○支店	普通	1111111	令和○年○月○日	○○円	同上	有
3	○○銀行	○○支店	定期	2222222	令和○年○月○日	○○円	同上	有
4	○○銀行	○○支店	定期	3333333	令和○年○月○日	○○円	同上	有

4　不動産（土地）

No	所在	地番	地目	地積（㎡）	備考（現状、持ち分等）	資料
1	○○市○○町○○丁目	○番○の○	宅地	○○.○	自宅	有
2	○○市○区○丁目	○番○	宅地	○○.○	秀和知須夫に賃貸中の建物の敷地	有

5　不動産（建物）

No	所在	地番	地目	地積（㎡）	備考（現状、持ち分等）	資料
1	○○市○町○丁目○番地○	○番○の○	居宅	1階○○.○ 2階○○.○	自宅	有
2	○市○区○丁目○番地○	○番○	居宅	1階○○.○ 2階○○.○	秀和知須夫に賃貸中	有

収支予定表の例

No	名称・支給番号	月額(円)	入金先口座・頻度等	資料
1	厚生年金	○○円	2ヵ月に1回、財産目録預貯金No1の口座に振り込み	有
2	厚生年金（老齢基礎年金）	○○円	2ヵ月に1回、財産目録預貯金No1の口座に振り込み	有
3	その他の年金（　　）			有
4	生活保護等（　　）			有
5	給与・役員報酬等			有
6	賃料収入（家賃、地代等）	○○円	秀和知須夫から毎月、財産目録預貯金No1の口座に振り込み	有
7	貸付金の返済	○○円	秀和知須夫から毎月、財産目録預貯金No1の口座に振り込み	有
	収入の合計（月額）＝	○○円	年額（月額×12か月）＝○○円	

居住用不動産の処分も後見人に任せられる？

住居の売却は後見人の判断だけでなく、家庭裁判所の許可も必要です。許可を受けられれば後見人が手続きを代行できます。

1 住居の処分には許可が必要

成年後見制度では、本人の住居（居住用不動産）は現状維持が理想とされています。つまり、不動産を売却せず、本人のために残しておくことが原則とされています。しかし、売却は、後見人の判断だけではできず、事前に裁判所の許可が必要になります。裁判所は、売却の必要性の有無（売る必要があるか）、価格や売却相手が相当か（不当な価格を設定したり、犯罪につながるよからぬ人物に売ろうとしたりしていないか）などを考慮して許可するかどうかを判断します。なお、保佐人、補助人が申立てられるのは、不動産処分の代理権が付与されている場合のみです。

2 居住用でなければ許可は不要

家庭裁判所の許可を要するのは、住居、つまり居住用不動産の処分についてだけであり、倉庫やオフィスなど、居住用でなければ、許可は必要ありません。法律上、何が居住用不動産に該当するかは、以下のとおりです。ちなみに、居住用不動産には土地も含まれます。

- **本人が現在住んでおり、生活拠点となっている住居**
- **将来住む予定がある住居**
- **過去に本人が住んでいた事実がある住居（今は住んでいないが、もしかしたら将来住むかもしれない）**

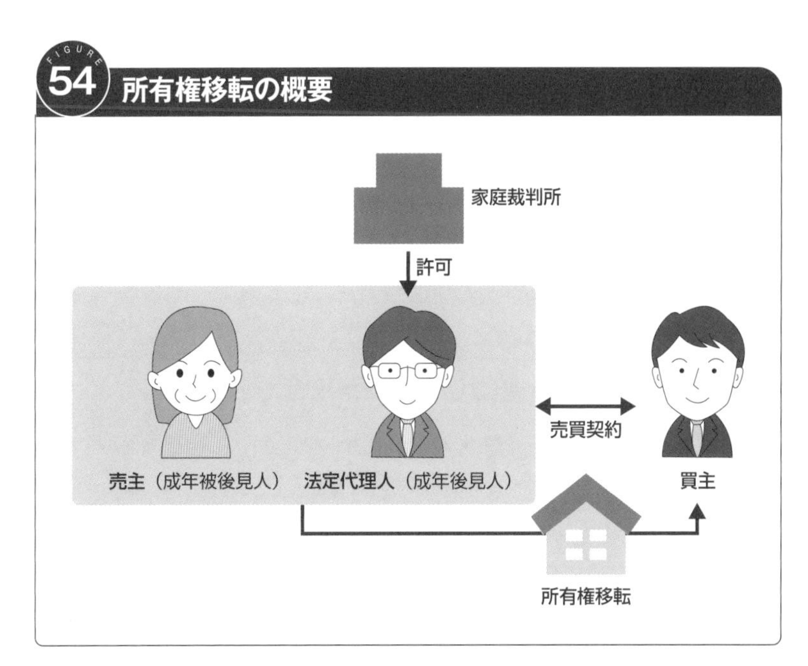
FIGURE 54
所有権移転の概要
家庭裁判所
許可
売主（成年被後見人）
法定代理人（成年後見人）
売買契約
買主
所有権移転

FIGURE 55
居住用不動産売却の流れ
STEP 1 打ち合わせ・ご依頼
STEP 2 成年後見人等・不動産会社・家庭裁判所等と打ち合わせ
STEP 3 停止条件付売買契約締結
STEP 4 家裁売却許可申立て
STEP 5 家裁許可審判
STEP 6 取引立会
STEP 7 登記提出
STEP 8 登記完了・書類送付

家庭裁判所の審判まで待てないときの対応は？

後見人を付ける前にトラブルに遭遇した場合、家族は家庭裁判所に「審判前の保全処分」などの申立てをして本人を守ります。

1 後見人をつける前にトラブルが起きたら？

後見人をつける前に、突然本人が倒れてしまい、緊急入院してしまうなど、急いで後見人をつけたいというケースもしばしば起こります。しかし、書類をそろえて申立てるとなると1～2ヵ月はかかりますので、その間の対策を事前に知っておく必要があります。

2 一時立て替え金は申立て時に申請

もし家族・親族が、入院費などを一時的に立て替えたとしても、領収書を保管しておき、後見人がついたあとで請求してもらえば精算は可能となります。申立てるときに計算書や領収書のコピーなどを添えておけばよいでしょう（領収書の紛失や、本人の財産が足りない場合など精算ができないケースもあります）。ただし、交通費などは認められないことが多くあります。

3 審判前の保全処分で詐欺などから守る

後見人がつく前に、本人が詐欺や悪質な業者に騙されていることが発覚したときは、急いで本人の通帳を確保し、財産を守らなくてはいけません。そのため、後見の申立てをすると同時に、後見人選任までの期間中、家族が本人の財産を管理できるよう「審判前の保全処分」という申立てをしていくことができます。

FIGURE 56 後見人手続きの途中でありがちなお悩み

本人の連絡先が見つからない	・意外な場所を入念に探す（冷蔵庫の中、床下、絨毯やマットの裏、天井裏、洋服のポケット、鞄の中など） ・郵便物を細かく管理（銀行や郵便局、証券会社などからの通知書や案内）
本人の預金が引き出せず支払いができない	・家族が一時的に立て替えて、後見人がついたら精算（領収書の保管が必須） ・支払先（病院や施設など）に成年後見の手続き中であることを示し、一時的に支払いの猶予を相談
本人が後見人をつけることを拒否する	・後見レベルなら、本人を守るためと話し、家族が手続きを進めることを検討（後見レベルの場合） ・地域包括支援センターに相談し、本人の認知症が進んだら手続きができるようにしておく（保佐・補助レベルの場合） ・本人が支援の必要性を感じていることから関わりはじめ、後見制度の理解をうながす
本人が認知症診断を受けてくれない	・本人に抵抗が少ない科を勧める（事前に医師と調整） ・かかりつけ医から紹介状をもらい「○○先生が勧めている」と説得
詐欺師に狙われ続けている	・すぐに消費生活センターなどに相談する ・すぐに通帳や印鑑、重要書類を本人の手元から家族へ移す ・審判前の保全処分手続きを活用（家庭裁判所との調整）
医師が診断書を書いてくれない	・介護職関係者に相談し、成年後見の必要性を医師へ伝える ・ケアマネジャーや地域包括支援センターに相談し、診断書を書いてくれる他の病院を紹介してもらう
手続きをしてくれる家族がいない	・役所（市区町村）の申立てを検討する ・地域包括支援センターなどの関係者を巻き込み、「市区町村長申立ての必要性」を訴える
信頼ができる相談先がない	・地域包括支援センターに相談 ・「後見センター」や「あんしんセンター」などの社会福祉協議会、中核機関、専門団体に相談

気になる成年後見の費用は？

成年後見報酬の金額は、本人の財産額などに応じて家庭裁判所が決定します。親族が後見人の場合は報酬を求めないことも。

1 準備段階、申立て段階、後見人選任後に費用が必要

後見に関する費用は大きく3つのプロセスに分かれて発生します。最初は申立て手続きの際に必要な費用（右ページの上下一覧を参照）。次に後見人を付けるまでの費用、後見人がついてからの費用です。

2 費用を払うのは基本的に申立人

家庭裁判所へ申立てる際の費用は、切手代や印紙代などで約1万円かかります（後見、保佐、補助で金額が変わります）。また、判断能力に関して鑑定が必要にあった場合は、鑑定費用がかかってきます。これらの申立て費用を支払うのは、基本的には申立人ですが、場合によっては家庭裁判所が本人負担を命じることもあります。

3 後見人への報酬は財産によって変わる

後見活動が開始し、第三者である専門家が後見人を担う場合は、本人の財産から報酬を支払う形になります。ただし家族が後見人になる場合は報酬を求めないことが大半です。報酬額は、本人の生活･財産の状況に応じて家庭裁判所が決定します。財産に余裕がある人でおおよそ2～5万円程度が相場とされています（財産が多い場合はさらに増額も）。一般的には1年分を後払いしますが、後見活動で生じた切手代や交通費は都度本人の財産から支払われます。

FIGURE 57 後見申し立てにかかる主な費用（東京家庭裁判所の場合）

申立て費用（収入印紙）	800円
登記費用（収入印紙）	2600円
郵便切手	2980円
鑑定費用（鑑定が必要か否かは裁判所が判断）	5万円程度
司法書士などの専門家の報酬（依頼した場合）	専門家によって異なる

FIGURE 58 後見人を見つけるまでの費用

項目	支払う人	金額の目安	支払う時期
診断書代、戸籍等取得費用など	申立人（場合により本人）	数千円、1万〜数万円（ケースにより様々）	申立て準備中
家庭裁判所手数料	申立人（家庭裁判所の審判があれば本人の場合も）	約1万円（成年後見、保佐・補助で異なる）	申立ての時
鑑定費用（鑑定が必要な場合）	申立人（家庭裁判所の審判があれば本人の場合も）	5〜10万円が多い	家庭裁判所が鑑定を必要とした場合

手続きを専門家に依頼した場合

項目	支払う人	金額の目安	支払う時期
専門家に支払う報酬	申立人	10万円〜というケースが多い（財産の額や事務所によって異なる）	事務所によって異なる（着手金がある場合）

後見人がついてからの費用

項目	支払う人	金額の目安	支払う時期
後見報酬（専門職が後見人になった場合）	家庭裁判所の審判によって本人の財産から支出	月額2万円前後からが目安だが、本人の財産状況などを考慮して家庭裁判所が決める	1年分をまとめて、1年後に後払い（後見人が手続きする）
実費（切手代、交通費など）	本人からの支出	さまざま	その都度本人の財産から支払い（後見人が支払う）

Column

経済状況に関わらず、成年後見を利用するには？

成年後見人をつけるにも申立て時の事前金や毎月の費用がかかってきます（133ページ参照）。本人および家族の経済状況によっては、その費用の準備が大変になるというケースも少なくありません。

そこで、経済状況を問わず法定後見を利用しやすくするために、成年後見制度利用支援事業という助成金が存在しています。これは本人が住民票を登録している市区町村による助成金で、一定の財産、収入要件を満たしていれば、法定後見に関わる費用を助成してくれるというシステムです。内訳としては、申立て費用と後見報酬に分けられています。

利用対象者は、65歳以上で2親等内の親族がいない、もしくは、2親等内の親族がいても音信不通などになっており、親族などによる後見等開始の審判の申立てを行うことができない人です。細かい利用要件は市区町村ごとに異なりますので、最寄りの役所や地域包括支援センターで相談するとよいでしょう。

成年後見でトラブルにならないために

成年後見を巡るトラブルに見舞われないためには、適切な申請、正しい契約方法や条件などを理解しておく必要があります。本章で説明する内容は最低限守っておきましょう。

本人や後見人に変化があった場合は申請が必要

後見人側の理由での各種変更は、すぐに家庭裁判所に届け出なくてはいけません。後見人とよく相談をしておきましょう。

1 後見人や本人の住所・指名などの変更

後見人を選んだあと、本人や後見人に変化があったときはどうすればいいのでしょうか？　よくあるのが引っ越しによる住所変更や、結婚もしくは離婚による名前の変更です。この場合、まず家庭裁判所に連絡をし、加えて、後見人は東京法務局に登記事項変更の登記申請書を提出しなくてはなりません。変更にともなう必要書類および送付先は以下のとおりです。

●必要な書類

・後見人や本人の住所の変更　　　：住民票もしくは戸籍附票
・後見人や本人の氏名や本籍の変更：戸籍謄本

●書類の送付先

〒102-8226　東京都千代田区九段南1-1-15
九段第２合同庁舎
東京法務局民事行政部後見登録課
電話：03-5213-1234（代表）
　　　03-5213-1360（ダイヤルイン）

2 後見人が死亡したときは？

成年後見人が死亡した場合でも、後見制度の利用は継続することができます。この際、再び後見人を選任する手続きを行う必要はありますが、申立人がもう一度最初の申立て手続きを行う必要はありません。もし後見監督人が選任されているのであれば、後見監督人が後任者の選任を裁判所に請求することにより、選任が行われるようになります。

3 後見人が病気になったときは？

後見人が、重篤な病気を患うようになり、後見活動を行えなくなることも考えられます。そのような場合には、本人や親族などが請求を行えば、家庭裁判所が新たな後見人を選任することができます。

4 後見人が活動できなくなる合理的理由

後見人本人は元気であっても、活動が困難になるという場合もあります。例えば、後見人の家族が病気になって手がかかりきりになった、親の介護のため本人の居住地から離れた場所に居住しなければならなくなったといったケースです。このように正当な理由があれば、辞任を家庭裁判所が認める場合もあります。

ただし、後見活動が面倒になったから辞めたいなどの理由では認められません。そのようなことを言い出し、信用が置けない場合は、解任手続きを行うのもひとつの手です。

移行型任意後見契約の注意点

本人がまだ元気なうちに代理人を決める際には、公正証書で移行型任意後見契約を交わしておくことができます。

1 元気なうちに代理人を決めておく契約

移行型任意後見契約とは、認知症による判断力の低下や、寝たきりなどによる体力低下に備えて、元気なうちに信頼できる代理人を選び、代理人にしてもらいたいことや権限を決めておくという契約です。いつ来るかわからないリスクに備えておくための、保険のようなものだと考えればよいでしょう。移行型と呼ばれるのは、元気である状態から死後のことまで、心身機能が移行（低下）していくことに応じた契約であるためです。

2 公正証書で作成する義務がある

移行型任意後見契約は、本人同士の契約書の取り交わしだけでは効力が発揮されません。代理人に求める行為、そして代理人の権限の範囲を定めた契約書を、公正証書で作成しなければならないと法律で定められており、原本は公証役場で安全に保管しておくことが求められます。代理人には、親族、友人、行政書士など専門家等でもなれますが、未成年者と破産者はなれません。

移行型任意後見契約の注意点

本人の判断能力の変化をどう把握するか	もし本人と代理人が離れて生活している場合には、本人の判断能力の変化を把握しやすい方法を取り決めておく必要があります。一般的には以下のような方法がよく採られています。 ・定期的な訪問を行う見守り契約を交わす ・高齢者施設入居者の場合、施設関係者との連携を明確にする など
任意代理人・任意後見人の報酬を明確にする	報酬に関するトラブルを防ぐためにも、契約内容に対する報酬額を曖昧にしたままにはしないように注意が必要です。親族や友人など近しい人と締結する場合は、報酬額があいまいになってしまうケースがよく見受けられます。 なお、将来の相続人や近親者であれば無報酬であることも多く、後払い報酬として遺産の一部もしくは全部を遺言公正証書で遺すというケースもあります。第三者専門家の場合には、月3万円程度の報酬が一般的です。
後見監督人の報酬を計算に入れておく	任意後見人の報酬とは別に、後見監督人の報酬もかかってきます。後見監督人に対する報酬は家庭裁判所が決定し、一般的には月2～3万円程度が相場とされています。
任意後見人の役割以外を求めない	任意後見人の役割は、法律行為に限られています。ただし、契約によっては後見人に契約内容に含めていない事実行為を求め、拒否されることがないよう、事前によく相談しましょう。
移行型任意後見契約を解除したいとき	移行型任意後見契約は、いつでも解除できますが、正しく手続きを経ていないと解除できません。 ・任意後見契約開始前……公証人の認証を受けた書面によってのみ解除できる ・任意後見契約開始後……正当な事由がある場合に限り、家庭裁判所の許可を得て解除できる（本人の不利益となる解除を防止するため）
包括委任、白紙委任はできない	本人保護を最優先にするため、代理人に与える代理権の範囲は登記事項となっています。つまり「日常生活に関することすべて」というような、範囲が特定できない権限は与えられません。白紙委任にならないよう、特定できるよう具体的に定めなければいけません。

空き家問題と実家の処分はどうする？

空き家の管理も後見人に依頼することができます。ただし売却に関しては居住用不動産であるかどうかで選択肢が変わります。

1 空き家問題にならないよう検討を

将来的に高齢者介護施設などへ入居する際、自宅を売却しようと考えていたとしても、本人が認知症になってしまうと売却行為ができなくなってしまいます。それが原因で、自宅が空き家になってしまうというケースは少なくありません。

空き家は、年月が経過するとともに倒壊などのリスクが発生しやすくなり、また庭木や雑草が伸び放題になることで、公衆衛生の問題も出てきます。さらには犯罪者による悪用や放火の危険性も指摘されています。したがって、空き家の処分は放置せず、早い段階で直視しなくてはいけません。

2 空き家は売却すればいい？

空き家問題でよく出てくる案のひとつに、敷地を含む空き家を隣接する土地所有者などに売却するというものがあります。ただし、居住用不動産にあたる場合は家庭裁判所の許可なく、後見人のみの判断で取り壊しや売却をすることはできません（128ページ参照）。大半の空き家は居住用不動産にあたるので、空き家問題で頭を痛めるのはだいたいこのポイントであることが多いのです。

3 空き家の管理も後見人に依頼できる

裁判所から本人所有の空き家が特定空家などに該当すると判断され、指導が入った場合は、すみやかに対処をする必要があります。しかし、この場合でも家庭裁判所の許可がなければ、後見人が売却手続きをすることができません。

ですので、後見人は、本人の財産額に応じて、管理者として可能な方法を探り、最大限できうる管理を検討することになります。ただし、本人の財産が足りないからといって、後見人が費用を立て替えたり、自腹を切ったりする義務・役割はありません。

4 賃貸用として活かす方法も

近年取りざたされている方法のひとつに、空き家の有効活用が挙げられます。賃貸用として入居者のニーズがあるなら賃料収入を得ることができますし、後見人の報酬などの支払いや、本人の生活費の足しにもできます。また本人が高齢者施設などに入所しているならば、その費用に充てることができます。ですので、本人の保有財産を守りながら活かす方法として注目されています。

また、将来の相続時に、貸家建付地・貸家権などをもとに、相続評価の軽減がなされ、節税対策にもつながっていきます。ただし、賃貸用に貸し出せるニーズがない場合など、処分しか選択肢がない場合には、専門家によく相談するのが望ましいでしょう。

※このときの賃貸方式は、定期借家契約形態にすることで、将来売却したり本人が再利用したりすることもできるようになります。

家族と任意後見の契約を結ぶ注意点

家族と後見契約を結ぶ際には、身内ゆえのトラブルを回避するため、やってはいけないことを理解する必要があります。

1 注意点を把握しておくことが大切

「最も身近な家族に後見人を頼みたい」と考えるのが人情というものですが、後見人の活動は、一般的に想像されているものより大変だという意見が大半です。したがって、家族と任意後見契約を結ぶときには、「家族だから細かい取り決めをしなくてもいいだろう」と考えず、しっかりと注意点を把握しておきましょう。

2 親族後見人がやってはいけないこと

繰り返しになりますが、後見人の役割は、本人の財産を、本人のために適切に使って、本人の希望に即した生活を支えることです。したがって、「家族だから許される」と考えて次のようなことをしてはいけません。

- 勝手に本人の財産を使用（扶養義務のある家族と本人の家系が同じだった場合は家庭裁判所へ相談してください）
- 本人の生活費を工面するために、本人の財産を投資や投機にあてる
- 生前贈与や生命保険、不動産活用など相続を前提とした節税対策
- 相続を踏まえて、本人の財産を減らさないよう支出を拒む

3 身内だからこそトラブルが起きやすい

家族であっても、本人の望む生活を侵害するとトラブルになります。逆にいえば、家族だからこそ、「なぜ気持ちをわかってくれないんだ？」という怒りも湧きやすく、トラブルも深刻化してしまうことがあります。そこで、まず身内の後見人になる前に、下記のことを守れるかどうか、自身に問いかけてください。もし自信がないと思ったら、気負いすぎず、専門家を後見人にする道を考えるのもよいでしょう。

身内の後見人になる前に自問自答すべきこと

- 自分が「こうすべきだ」という主張を控え、本人が望む生活をかなえることを最優先できますか？
- 介護・医療、住まいのことを自己判断せず、関係者に相談してから判断できますか？
- 本人の財産はあくまで他人のお金だと考え、自身の用途に一切使わず、責任をもって管理できますか？
- 本人のお金を使ったら必ず都度、出納帳を付けることができますか？（あとでまとめて付けるようなことはしませんか？）
- 後見人として行うことをすべて記録し、いつ誰に聞かれても的確に答えられるようにできますか？
- 本人の契約書や通知書、請求書などの書類を、細かく堅実に保管できますか？
- 後見監督人や家庭裁判所に報告するための提出書類をきちんと作成することはできますか？（「忙しかったからできません」は通用しません）
- 後見監督人や家庭裁判所と緊密に連絡をとり、相談できますか？

成年後見制度に対する金融機関の対応の変化

2021年に全国銀行協会が発表した新指針では、後見人ではない家族でも、本人の預金を引き出す要件が一部認められました。

1 全国銀行協会が発表した指針見直し

前述のとおり、本人の認知症が進んだことを銀行が知れば口座を凍結されてしまいます。そうなると預貯金の払い戻しや定期預金の解約などができず、生活費が支払えなくなるというケースも頻出してしまいます。そのため、成年後見制度の利用促進が叫ばれていました。そんな中、2021年2月に全国銀行協会が高齢者との金融取引に関する新たな指針を発表しています。それは、一定の要件を満たした場合には成年後見制度を利用しなくても、家族などによる預金の引き出し認めるというものです。

2 成年後見制度を利用しない場合の必要要件は？

では一定の要件とはどのようなものでしょうか？　要件には2つあり、ひとつは認知症の症状を確認できること。もうひとつは、預金の使用用途を確認することです。

要件①　認知症の症状を確認できること

本人との面談、医師が作成した診断書の提出を通じて、本人の判断能力がどこまであるかを確認することが前提になっています。面談は金融機関の職員複数名と本人が、対面またはオンラインツールで行います。

要件②　家族が引き出す預金の使用用途を確認すること

　成年後見制度では、財産の使用目的はあくまで本人のためと限定されています。今回の指針のように、認知症患者の家族による引き出しを例外的に認める場合でも、「本人の利益に適合することが明らかである場合に限り、依頼に応じる」といった前提になっています。具体的には、支払いの根拠となる資料の提示をした上で認められるというものです。根拠となる資料は、例えば医療費、介護費用の請求書、家賃や施設利用料、公共料金の請求書などです。

3 財産管理委任契約を認める金融機関が増える？

　元来、本人から委任を受けた代理人による金融取引については、①金融機関に代理人届を提出する、②親族との間で財産管理契約を交わして行う、という方法が採られていました。財産管理委任契約とは、本人がまだ元気なうちに、預貯金など財産管理を親族に任せる契約のことです。ですが、この契約があったとしても、いままで各金融機関によって統一された対応があったわけではありませんでした。一部の金融機関では、公正証書で財産管理契約を交わしていたとしても、家族による預金引き出しを拒む場面もあったのです。10年前はまだ認知されていない銀行対応に苦慮するケースも多く、委任段階（監督人選任前）で適性に結ばれた同契約の公正証書を銀行窓口に持って行っても「委任状をお持ちください」「監督人選任後の登記事項証明書をお持ちください」と言われるケースも少なくありませんでした。今回の指針では、この2つの取引を認めており、全国の金融機関でも今後、対応ができるケースが増えると予想されています。

本人および後見人の死亡による後見活動の終了

本人、後見人どちらかが死亡したら後見活動が終了します。後見人死亡時、後見活動の空白期間ができないよう注意しましょう。

1 本人死亡後の家庭裁判所への提出物

後見人として本人を支えていたものの、本人が死亡した場合、後見人には最後の職務が待っています。それまで管理していた財産の収支を計算し、その現状を報告するとともに、財産を本人の相続人に引き継いでいきます。そのときには、いくつかの書類を家庭裁判所に提出する必要があります。

・除籍謄本もしくは死亡診断書のコピー
・後見等事務終了（相続財産引継）報告書
・財産目録（最新の本人の財産状況）
・財産目録記載の財産の内容を証明する資料
・10万円以上の入出金報告書（年金・施設費・入院費を除く）
・財産受領書（後見人以外に本人の財産を引き継いだ場合のみ）

2 本人死亡後の東京法務局後見登録課への送付物

本人の死亡にともない、後見人自身が東京法務局後見登録課に、**後見終了登記**の申請をしなくてはいけません。登記申請書用紙に必要事項を記入し、本人の死亡の事実が記載された除籍謄本もしくは死亡診断書等を添付して送付します。登録料は無料ですが、手続きしたことを忘れないためにも必ず書留郵便を利用しましょう。

3 後見人が死亡すると後見契約も終了する

後見人が死亡すると、後見監督人が死亡による後見終了の登記を行います。また後見人の遺族に、受任事務の終了の報告を行い、管理の計算をするように求めていきます。ただし、緊急に処理しなければならないもので、遺族では対応できないものについては、任意後見監督人が行うこともできます。最後に、家庭裁判所に任意後見監督人としての監督業務について終了の報告を行います。

4 二重の任意後見契約もできる

もっとも本人にまだ後見人が必要であれば、新たな後見人を選任してもらわなければいけません。そこで、後見人の死亡に備え、念のため2つの任意後見契約を締結しておくこともできます。つまり、ひとつ目の任意後見契約の発効中にその後見人が突然死亡したときのために、2つ目の契約を発効させられる二段構えを取っておくのです。そうすると、大きな空白期間を作ることなく、引き続き本人の後見が続くというわけです。

5 二重の任意後見契約が無効になる条件

2つの任意後見契約を締結する際、2つ目の契約に「先の任意後見契約が終了した際に任意後見人を選任する」という条件を付けないようにしましょう。法定の停止条件とは違う停止条件を自ら付けたことになってしまい、任意後見契約自体が無効になります。

後見人を解任したいときには？

不正が発覚したときには、家庭裁判所に請求することで後見人を解任できます。罪によっては後見人の逮捕、起訴もありえます。

1 後見人の解任は可能

いざ後見人を解任したいときはどうすればいいのでしょうか？解任ですので、ポジティブな理由はまずありません。例えば不正が発覚するなど、適切な後見活動とは程遠く、本人が被害を受けているなどの理由があれば解任できます。ただし、家族と意見が合わないとか、なんとなくソリが合わないなどの漠然とした理由では解任することができません。

2 決定を下すのは基本的に家庭裁判所

後見人の解任は家庭裁判所が審査し、本人を守るという指針に則って決定を下します。ひとりの後見人が解任されても、本人の判断能力が回復しているわけではないならば、その後も後見人は必要となります。ですので、別の後見人が本人につくことになります。

なお、法に触れる不正行為を行った後見人は、解任後に損害賠償請求をされたり、罪によっては逮捕や起訴されたりする可能性もあります（業務上横領など）。もし不正の証拠はないが、限りなくグレーであるという場合は、専門団体や家庭裁判所などに相談することで、後見人に指導を入れてもらうこともできます。

FIGURE 61 後見人の解任、辞任の理由

解任できる理由

- 不正や犯罪を犯している証拠がある
- 後見人が罪を犯したことが発覚した
- 適切な後見活動を行っていない
- 後見活動の不徹底による本人への被害
- 後見人が失踪した（連絡不能になった）

▼

本人の判断能力が回復していない状態であれば、別の後見人が新しく就任する

解任できない（しにくい）理由

- 後見人の希望や方針と合致しない
- 後見人のことが人格的に嫌い
- 後見人が通帳を見せてくれない（152ページ参照）
- 家族への報告などをサボる
- 疑わしい行為があるが証拠がない

▼

不正や横領などについては、家庭裁判所や監督人が、後見人に対して財産に関する書類などの提出や報告を求めて指導できる

辞任できる理由

- 転勤などの理由で後見人が本人の居住内より遠方へ行くことになった（154ページ参照）
- 後見人に健康上、活動を続けられない理由ができた
- 後見人が高齢になり、続けられる状況でなくなった
- 後見人の家族に問題が起き、続けられる状況でなくなった
- 本人の非により信頼関係が著しく損なわれ、修復が難しくなった

▼

本人の判断能力が回復していない状態であれば、別の後見人が新しく就任する

辞任できない理由

- 後見活動の負荷が予想以上に高かった
- 後見活動が面倒になり嫌気がさした
- 他にやりたいことができて、そこに時間をあてたい
- 領収書の保管や区分けをやりきれない
- 後見人の責任を果たせる自信がなくなった

▼

後見人の責任については、必ず家庭裁判所でしっかりとした説明を受けているはずなので、活動開始後にはその理由は通じない

後見人解任を相談したいときは？

- 専門団体、後見人以外の専門家に相談を持ちかける
- 家庭裁判所に相談を持ちかける
- 市区町村や中核団体へ相談を持ちかける（対応窓口がある場合）

親族後見人の使い込みから財産を守るためには？

後見制度支援信託を利用すると、鍵のかかった金庫にお金を入れているように本人の財産を守ることができるようになります。

1 後見制度支援信託とは？

家族・親族後見人の使い込みを防ぐために、後見監督人がついて後見人の活動をチェックする仕組みはありますが、もうひとつ本人の財産を守る方法があります。それが**後見制度支援信託**です。この信託は、日常的に必要な資金以外のお金を信託銀行に預けるという仕組みです。家族・親族が後見人に選ばれる場合は、この後見制度支援信託の利用を条件にするという場合も少なくありません。

2 後見制度支援信託は法定後見で使用できる

後見制度支援信託を利用できるのは法定後見のみで、保佐、補助もしくは任意後見の場合は利用できません。また信託できる財産も、証券などは不可で金銭に限られています。信託契約できるのは行政書士や弁護士など専門家の後見人となり、専門家後見人によって本人の財産を信託銀行に預けるという契約が締結されます。その後、家族・親族後見人に引き継がれる形になります。ですので、専門家後見人、家族・親族後見人両方への報酬が必要となります。

3 引き出しには家庭裁判所の指示書が必要

預けたお金を引き出すためには、家庭裁判所が発行する指示書が必要となります。ただし、生活資金が足りない場合は信託銀行から普段使う口座に送金する設定もできます。もし施設への入居や、必要に応じて自宅をバリアフリー改装しなくてはいけない場合など、大きなお金が必要になった場合は、必要書類を作成し、家庭裁判所へ申し出ます。家庭裁判所はその内容を審査して、指示書を出すことになります。

4 後見制度支援預貯金も広がっている

なお、銀行や金融機関が同様の内容で後見制度支援預貯金というサービスを提供している場合もあります。信託と違い、多くの金融機関で扱い始めている上、専門家後見人を介在させずに済む場合もあり、利用者数が増えています。

FIGURE 62 後見制度支援信託のしくみ

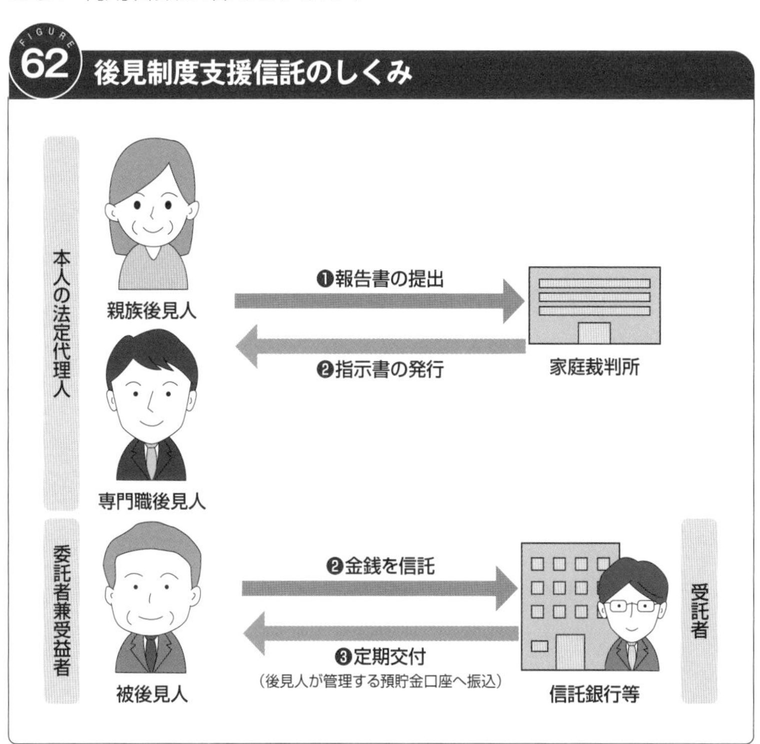

家族への預貯金報告義務はない？

本人の預貯金額を報告するかどうかは、よくある誤解のひとつ。後見人は家族へ報告する義務はありません。

1 後見人には家族への預貯金報告義務はない

後見人と本人の家族との間でよくあるトラブルが、「本人の預貯金の残高を家族が知りたい」というもの。家族としてはお金の心配があるからの主張なので気持ちはわからなくもないですが、後見人には家族への預貯金報告義務はありません。

2 報告義務がない理由は？

なぜ報告義務がないのかというと、本人死亡後に自分たちが受け取る財産を目減りさせないよう、後見活動を妨げるような行為をしたり、費用のかかる施設入所などを拒否しようとしたりするケースがあるからです。これでは本人も安心して後見を受けられないため、このような仕組みになっています。

3 預貯金は家庭裁判所へ報告されている

財産はあくまで本人のみのものであり、本人以外は家族であっても第三者。ですので、「後見人が教えてくれないから」といって、たとえ夫婦や親子であっても、銀行に直接出向き、本人の預貯金額を聞いても財産保護の理由で断られます。では本人の財産は後見人しか知らないのかというと、そうではありません。

後見人は本人の財産を守る立場ですので、家庭裁判所への報告義務があります（専門家の場合は専門団体へのチェックがある場合も）。

4 あくまで義務であり禁止ではない

後見人が家族へ財産状況を知らせないのは、あくまで「義務はない」という範疇ですので、通帳を見せる行為などが禁止されているわけではありません。家族に見せるかどうかは、後見人の判断に任されています。

ただし、通帳に記載された残高などは、重要な個人情報ですので、家族からも気軽に「メールで送ってほしい」「定期的にデータで残しておいてほしい」などの要望は控えるようにしたほうがよいでしょう。

5 良好な関係を保つための理解を

実は後見活動において、このような本人の財産状況（通帳残高記録）について、家族への開示義務がないことはあまり広く知られていないのが現状です。このことから後見人に不信感を持ったり、感情的に詰め寄ったりしてしまい、関係が悪くなるというケースも少なくはないのです。

ですが、あくまで本人が安心して生活できるよう財産を守ることが前提。そこを理解して「後見の邪魔をするつもりではない」ということがきちんと伝われば、開示してくれることもありえます。ぜひ後見人と良好な関係を保てるよう、健全に相談してください。

遠距離生活だと後見人になれない？

親元を離れて暮らしている場合、成年後見人に選任されない可能性が高いです。地域の専門家などに任せるよう検討しましょう。

1 遠距離だと後見活動を行いにくい

地元を離れて暮らし、夏季休暇や年末年始休暇の際にのみ親と会うという人も少なくないでしょう。もし親に認知症の症状が出て、要介護認定を受け成年後見が必要な状態になったとしても、仕事の兼ね合いでどうしても遠距離介護になってしまう……。それでも親のことを心配するあまり、子自ら後見人になりたいと望むケースは多くあります。

しかし結論からいうと、住まいが離れている場合は後見人に選ばれにくいのが現状です。理由は明白で、距離が離れていることで後見人が行う日々の活動をまっとうできない理由が多く出てくるからです。

2 地元の第三者を後見人にする

もし親と遠距離生活をしているのであれば、やはり地元の第三者を後見人に選任してもらうほうが、親としても「これができない、あれができない」というケースがなくなり、安心であるはずです。ですが、中には親思いのあまり「やはり子供が親の世話をするもの」とかたくなになり、法定後見手続きを取り下げようとするケースもあります。

しかし前述のとおり、本人の判断能力が回復しないかぎり、後見を取り下げることができません。また後見人を解任するにも、相当の理由がなければ解任できません。

3 家族にできることを最優先する考え方

法定後見を利用するとき、このような家族としての感情が先に立つことがよくありますが、家族だからすべて自分たちでまかなうべきと考えるのは早計です。成年後見制度は本人が安心して暮らせるような環境を整えるための制度ですので、あくまで視点は家族の視点ではなく「本人の視点」であるべきだからです。

もちろん家族が本人にまったく関わらないということではなく、例えば週に一度でも（無理のない範囲内で）、親元を訪ねて顔を見せるだけでも、親の心情は違ってくるはずです。遠距離であるならばなおさら、お金や各種手続きのことは後見人に任せてしまい、「限られた時間を一緒に過ごす」ということを優先する考え方もできるでしょう。

4 まだ元気なうちに相談しておくことも

もし親が「必ず家族に後見人になってほしい」という希望を持っている場合は、本人がまだ元気なうちに、家族としっかり相談をしておくことをおすすめします。

その際の家族の仕事や生活などを鑑みて、相談を重ねていくうちに「できること、できないこと」が明確になり、親としても家族としても、腑に落ちる結論を得やすくなります。その際に専門家に相談しながら家族会議を行うと、いざというときの精神的負荷が大きく変わってくるはずです。

相続手続きにも後見人が必要？

後見を受けている状態でも、本人の親類縁者が亡くなり相続人になれば、後見人が相続手続きほか対応をしていく形になります。

1 本人の遺産相続手続きも行う

本人の近親者や親族が亡くなり、本人が遺産を相続するようになったときにも、後見人がさまざまな手続きを行います。このとき後見人はまず被相続人（亡くなった近親者や親族）が遺言を遺しているかどうかを確認します。遺言が見つかりそれが有効であったら、遺言執行者らと確認の上、遺言内容を実行することになります。

2 遺言がなければ遺産分割協議にも参加

もし遺言が残っていなければ、後見人は本人が法定相続人（遺言がなくても相続できる権利がある人）であるという証明をしていきます。被相続人のいままでのすべての戸籍を取得したり、親類縁者の人数や住所を調べたりする必要があります。そして相続人同士による遺産分割協議に参加し、本人が法定相続分を取得する内容で協議を進めていきます（最低限、本人の利益を守るために法定相続分は受け取ります）。

3 必要であれば相続税の手続きも

遺産分割協議を終えたら本人の代わりに遺産分割協議書に押印し、必要であれば相続税の手続きも行います。相続財産はすべて本人の臨時収入として家庭裁判所へ報告しなくてはいけません。

FIGURE 63 法定相続人と法定相続分

法定相続人とは？

民法により決められた、遺言がない場合に遺産を相続する権利を有する人。配偶者は常に法定相続人となるが、未入籍のパートナーはその権利を有しない。

子がいる場合	・配偶者と子が法定相続人になる ・配偶者がいない場合は子のみが法定相続人になる ※養子は子と同じ ※子が死亡している場合、孫や曾孫へと権利が移る
親が存命中の場合	・配偶者と親が法定相続人になる ・配偶者がいない場合は親のみが法定相続人になる ※親が死亡している場合は、祖父母へと権利が移る
兄弟姉妹や甥姪がいる場合	・配偶者と兄弟姉妹が法定相続人になる ・配偶者がいない場合は兄弟姉妹のみが法定相続人になる ※兄弟姉妹が死亡している場合は、甥姪へと権利が移る（甥姪の子は対象にならない）

兄弟姉妹や、甥姪、配偶者がいなければ法定相続人は存在せず、被相続人の財産は原則的に国庫へ移る。

法定相続分とは？

遺言がない場合に遺産を分ける目安となる割合。遺産分割協議など話し合いで変更できる。

子がいる場合	・配偶者：1/2 ・子（全員で等分）：1/2 ※子は非嫡出時でも同じ割合（ただし父の相続の場合は認知が必要）
親が存命中の場合	・配偶者：2/3 ・親：1/3
兄弟姉妹や甥姪がいる場合	・配偶者：3/4 ・兄弟姉妹（全員で等分）：1/4 ※異父や異母の兄弟姉妹は、両親が同じ兄弟姉妹の1/2となる

※子、親、兄弟姉妹や、甥姪がおらず配偶者のみであれば、全額配偶者の相続分となる。

本人をめぐる医療・介護の支援体制

後見活動中に本人がケガをしたり病気になったときには、入院の立会いや手続きなど、後見人が対応していきます。

1 後見活動中のケガや病気は？

後見活動中に、本人が思わぬケガをしたり、重篤な病気になった場合、後見人はすみやかに対処をしていくことになります。本人が入院したという連絡が入れば、必ず当日か翌日までには病院へ行き、予定入院の場合は入院日に立ち合いを行います。その際、入院の手続きはもちろんのこと、医師から病状・治療の詳細、看護計画などの説明を受け、入院に必要な物品の買い物やレンタル手配などを行います。病院によっては、保証金の支払いがあることもあります。

2 介護保険を利用する場合は？

介護保険を利用する場合は、要介護認定の手続きを行うほか、認定後にどのようなサポートが必要になるのかなどを、ケアマネージャーらとともに計画を立てます。それにともない、必要な介護サービスを手配したり、契約、支払いも行います。また後見人は、ケアマネージャーや関係者が定期的に集まるカンファレンス（関係者会議）にも参加し、本人の希望に基づいて決定をくだす役割も果たします。

3 後見人による医療同意の可否

本人の入院に伴い、病院側から本人の生命身体に係る医療同意（医的侵襲行為）について、後見人が判断を求められることがあります。

例えば、手術や延命処置に関する判断です。しかし、これら本人に対する医的侵襲行為の判断は本人固有のものであり、代理等の及ぶものではないことから、後見人はできない判断であると解されています。このような場合は、病院側に後見人としては判断できない旨を説明してもらい、医師の判断に委ねることを伝えることが望ましいといえます。

FIGURE 64 介護・医療の支援体制

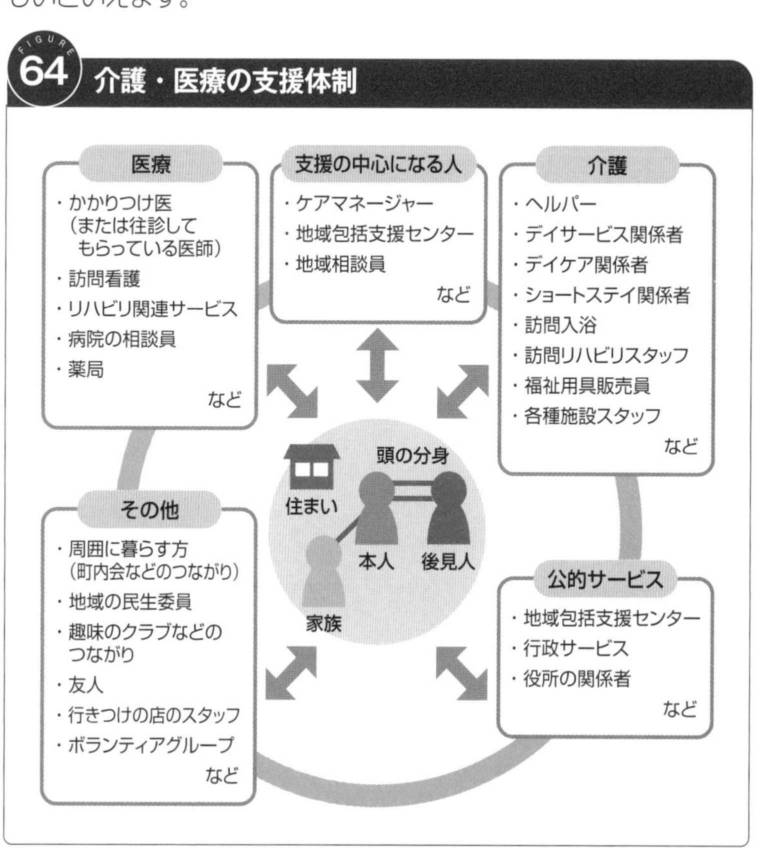

悪質な後見人に騙されないようにするには

悪質な後見人がつかないよう、事前にエンディングノートを一緒に作るなど相性を見定めてから契約をするのが望ましいです。

1 家族・親族も任せっきりにしない

家族・親族からしてみれば、本人が幸せに暮らせることと後見人の活動ぶりは直結しますので、やはり信用のおける人にお願いしたいものです。しかし、金銭管理が不十分だったり、連絡がスムーズにとれなかったりするいい加減な後見人だと不安は募るばかりです。残念ながら、本人のお金を使いこむ（業務上横領）など犯罪行為に手を染める後見人も一部いるのが実情です。そんな悪質な後見人に騙されないためには、やはり家族・親族も後見人に任せきりにならないような姿勢でいることが必要です。

2 任意後見の契約にはより注意が必要

特に注意すべきは任意後見です。任意後見は「契約」ですので、契約さえ結べば誰でも後見人になることができます。任意後見契約を結ぶ際には、専門団体との関係性や実績などを特に注意して確認するようにしましょう。

3 いざというときは家庭裁判所へ相談

後見が始まって、頼りにしていたはずの後見人が、本人や関係者に合わずに事務処理だけしか行わない場合や、連絡が疎遠になるような場合は、後見人から状況を聞くアクションをするなど、しっかりと目を光らせていることを示します。その上で対話を持とうとしないなど不安な対応をする相手には、専門団体や家庭裁判所への相談が有効です。特に家庭裁判所には、後見人を監督し、財産や収支の報告をさせるなどの権限がありますし、あまりに不適格な場合は解任して別の後見人をつけることも検討した方がいいでしょう。

4 エンディングノートを有効に使う

真摯な姿勢で後見活動に取り組んでくれるかどうかの見極めをするのに有効なのがエンディングノートです。任意後見の契約をする前に、別途報酬を単発で支払ってでも、エンディングノートを一緒に作ると、相手の人柄がわかりやすくなります。そこで違和感を覚えたら契約をしないという判断をすればいいでしょう。

MEMO

付録

付録① 成年後見制度とその他の制度の違い一覧

		法定後見	任意後見
概要		家庭裁判所が選んだ後見人が本人らしい生活を実現する制度（判断能力が低下した人を対象）	元気なうちに、自分で後見人を選び、あらかじめ依頼を内定する
利用対象者の判断能力		× （本人の判断能力がほとんどないほど低下しているレベル）	○ （契約内容の理解と意思表示ができるレベル）
判断能力の確認		医師による診断書・鑑定をもとに家庭裁判所が確認	公証役場にて公証人が確認
手続人		本人、配偶者、４親等内の親族、市区町村長等	本人
相談先		地域包括支援センターなど	地域包括支援センターなど
開始時期		手続き終了後（審判書を受け取って２週間後）すぐに開始	・自分が頼みたいときに開始 ・判断能力低下し、監督人が選任されたら開始（任意後見）
委任相手		成年後見人、保佐人、補助人（家族・専門家・団体等）	任意後見受任者・任意後見人（家族・専門職・団体等）
財産管理	重要書類の保管	○	○
	日常使いの預貯金管理	○	○
	日常生活の必要費用支払い	○	○
	財産全体の管理	○	○
	不動産の管理・処分など	○ （居住用不動産の処分は家裁の許可が必要）	○
	消費者被害者などの取消	○	× （必要であれば法定後見へ）
	大金を使う（家族のため）	× （基本的に不可）	△ （判断能力ある段階なら可、判断能力低下後は基本的に不可）
	投資・投機	× （基本的に不可）	△ （判断能力ある段階なら可、判断能力低下後は基本的に不可）

日常生活自立支援事業	民事委託	遺言
判断能力に不安がある人が安心できるよう、福祉サービス利用援助や重要書類の預かり等を行う	家族等に財産を託し、決めておいた目的のために管理・処分等をしてもらう	死亡後の財産の行方について、あらかじめ決めておく
○（判断能力が不十分で生活に不安があるが契約内容の理解や意思表示ができるレベル）	○（契約内容の理解と意思表示ができるレベル）	○（内容の理解と意思表示ができるレベル）
ガイドラインや社会福祉協議会の審査会等で確認	公証役場にて公証人が確認（公正証書の場合）	公証役場にて公証人が確認（公正証書の場合）
本人	本人	本人
市区町村の社会福祉協議会	専門職等、公証役場	専門職等、公証役場
契約締結後すぐに開始	契約締結後、財産を信託開始	本人死亡後に執行
社会福祉協議会（専門員・生活支援員が担当）	信頼できる家族など	遺言執行者の指定が可能（家族・専門職等）
○（本人指示）	○（目的の範囲内）	×（通帳等は死後に預かる）
○（本人指示）	○（目的の範囲内）	×
○（本人指示）	○（目的の範囲内）	×
×（書類を預かるのみ）	○（目的の範囲内）	×
×	○（目的の範囲内）	△（遺言内容により、死後に売却可能）
×（相談可）	×	×
×	○（目的の範囲内）	△（遺言内容により、死後に財産を渡すことは可能）
×	○（目的の範囲内）	×

付録

		法定後見	任意後見
身上保護	本人と面談し意思決定の支援	○	○
	関係者とのやり取りやカンファレンスへの参加	○	○
	介護サービスや施設入所等の契約	○	○
	住まい・医療・余暇等を含む生活の組み立ての全般	○	○
その他	身元保証人・身元引受人	× （親族であれば可）	× （親族であれば可）
	本人死亡後の事務処理、葬儀場	△ （基本的に親族だが、だれもいなければ可）	○ （死後事務の委託契約を締結しておけば可）
	本人死亡後の相続手続き	×	×
費用		・申立時：1～11万円＋専門職に依頼する場合は別途報酬 ・開始後：親族0円～、専門職毎月2万円前後～	・契約時：5～7万円＋専門職に依頼する場合は別途報酬 ・開始後：親族0円～、専門職毎月3～5万円前後、監督選任後から報酬発生
チェック機関		・家庭裁判所、監督人 ・専門職は専門団体	・本人（判断能力ある段階） ・監督人（判断能力低下した段階）

日常生活自立支援事業	民事委託	遺言
○	× （家族としての関わりは可）	×
○ （必要に応じた対応）	× （家族としての関わりは可）	×
△ （本人ができるよう援助）	× （家族としての関わりは可）	×
△ （本人ができるよう援助）	× （家族としての関わりは可）	×
×	× （家族としての関わりは可）	×
×	× （家族としての関わりは可）	△ （祭祀の主催者の指名は可）
×	○ （本人死後のことを記載すれば可）	○
毎月1,200～3,000円程度（生活保護受給者は無料）	・契約時：内容により様々＋専門家に依頼する場合は報酬発生（50～100万円も珍しくない） ・開始後：家族0円～（専門職の信託監督人には報酬発生）	・遺言時：公正証書の場合、公証役場手数料10～20万円程度（財産による）＋専門家に依頼した場合は報酬発生 ・死亡後：遺言執行者報酬は親族0円～（専門家の場合は報酬発生）
社会福祉協議会の運営適正化委員会など	信託監督人の設定も可	特になし （事実上は、法定相続人がチェック）

付録

付録② 後見人の申立て手続きの書類例

書類	入手先	備考
診断書（成年後見制度用）	相談機関、家庭裁判所の公式サイトからダウンロード	・かかりつけ医などに記入を依頼 ・基本は申立て時より3ヵ月以内のもの ・費用の目安は5000～1万円
本人情報シート	介護・福祉関係者、支援センターなど	・介護・福祉関係者や支援センター等の相談窓口で作成を依頼 ・診断書作成依頼時に医療機関へ提示 ・申立て時に家庭裁判所へコピーを提出することもある
申立書など	相談機関、家庭裁判所の公式サイトからダウンロード	・事実関係や事情説明のための書類 ・保佐の場合は代理行為目録、補助の場合は同意行為目録・代理行為目録も ・原則、申立人が記入・作成する
登記されていないことの証明書	後見登録を取り扱う全国の法務局・地方法務局、東京法務局（郵送の場合）	・現在、本人に後見人がついてないことを証明する書類 ・300円程度の費用がかかる
財産目録、収支予定表	相談機関、家庭裁判所の公式サイトからダウンロード	・財産（預貯金、有価証券、保険、不動産、借金など）の明細、および、収支（年金、還付金、医療費、介護サービス費、施設費用、生活費、税金など）をまとめた書類 ・可能な範囲で申立人が記入・作成
財産目録を証明する資料	銀行、証券会社、法務局（不動産）、保険会社など	・通帳、証書、借金の明細などのコピー、不動産の登記事項証明書など、すべてA4サイズでコピーを取り提出
収支を証明する資料	年金事務所、役所、介護サービス事務所、施設、病院など	・年金通知書、領収書など、すべてA4サイズでコピーを取り提出
本人の戸籍謄本	本人の本籍地の市区町村役場	・450円程度の費用がかかる
本人の住民票	本人の住民登録地の市区町村役場	・200～300円程度の費用がかかる

書類	入手先	備考
後見人等候補者の住民票	候補者の住民登録地の市区町村役場	・候補者が取得 ・200〜300円程度の費用がかかる
親族の意見書	相談機関、家庭裁判所の公式サイトからダウンロード	・本人に後見人をつけること、候補者が後見人になることへの同意書類 ・本人の法定相続人が記入
親族関係図	相談機関、家庭裁判所の公式サイトからダウンロード	・本人を中心とした親族関係表 ・申立人が記入・作成
本人の健康状態に関する資料		・普段使用している介護保険証、障害者手帳などのA4サイズコピー

付録③　成年後見制度に関する主な相談窓口URL&QRコード一覧

●地域包括支援センター

高齢者に関するさまざまな相談を受け付けている公的機関です。中学校区にひとつの目安で設置されているので、近くのセンターを探しやすいはずです。わからなければ市区町村の役場に尋ねると教えてもらえるでしょう。インターネットで市区町村名と「地域包括支援センター」というキーワード検索をしても表示されます。

●全国社会福祉協議会（後見センターなどの名称であることも）

都道府県もしくは市区町村の社会福祉協議会に問い合わせると、詳しいことがわかります。全国社会福祉協議会の公式サイトからも検索することができます。

●中核機関、権利擁護センターなど

「K-ねっと（権利擁護支援体制全国ネット）」で検索し、全国の中核機関や権利擁護センターの一覧を探します。市区町村ごとの名称や連絡先、サイトURLなどが掲載されているので、最寄りのセンターに連絡します。

●法テラス

法テラスは、各都道府県にある法律の相談窓口です。都道府県により設置数は異なり、法テラスの公式サイトからも検索することができます。

●行政書士、弁護士、司法書士などの専門団体

行政書士の場合は公益社団法人コスモス成年後見サポートセンター、弁護士の場合は都道府県ごとにある、日本弁護士連合会による高齢者や障害者のための法律窓口、司法書士の場合は公益社団法人成年後見センター・リーガルサポート、社会福祉士の場合は権利擁護センター「ぱあとなあ」などで情報を集められます。

公益社団法人
コスモス成年後見サポートセンター

公益社団法人
成年後見センター・リーガルサポート

権利擁護センター「ぱあとなあ」

付録

●その他

- 成年後見を手掛けている専門家の事務所
- 成年後見に関連する NPO 法人など
- 社会福祉協議会
- 自治体や民間団体主催の相談会

など

付録④　後見等開始申立書の記入例

【令和３年４月版】

申立後は，家庭裁判所の許可を得なければ申立てを取り下げることはできません。

※　太わくの中だけ記載してください。
※　該当する部分の□にレ点（チェック）を付してください。

受付印	（ ☑後見　□保佐　□補助 ）開始等申立書 ※ 該当するいずれかの部分の□にレ点（チェック）を付してください。
	※ 収入印紙（申立費用）をここに貼ってください。 後見又は保佐開始のときは，８００円分 保佐又は補助開始＋代理権付与又は同意権付与のときは，１，６００円分 保佐又は補助開始＋代理権付与＋同意権付与のときは，２，４００円分 【注意】貼った収入印紙に押印・消印はしないでください。 収入印紙（登記費用）２，６００円分はここに貼らないでください。
収入印紙（申立費用）　円 収入印紙（登記費用）　円 予納郵便切手　円	準口頭　｜　関連事件番号　　年（家　　）第　　　号

○○家庭裁判所 ○○支部・出張所　御中 令和○年○月○日	申立人又は同手続代理人の記名押印	秀和 知須夫　　　印

申立人	住所	〒 ○○○-○○○○ ○○県○○市○○町○-○-○ 電話○○○（○○○○）○○○○　携帯電話○○○（○○○○）○○○○	
	ふりがな	しゅうわ　しすお	□ 大正 ☑ 昭和　○○年○○月○○日 生 □ 平成　（ ○○ 歳）
	氏名	秀和 知須夫	
	本人との関係	☑ 本人　□ 配偶者　□ 親　□ 子　□ 孫　□ 兄弟姉妹　□ 甥姪 □ その他の親族（関係：　　）　□ 市区町村長 □ その他（　　）	
手続代理人	住所（事務所等）	〒　－　※法令により裁判上の行為をすることができる代理人又は弁護士を記載してください。 電話　（　）　ファクシミリ　（　）	
	氏名		
本人	本籍（国籍）	○○ 都道府県（県に○）　○○市○○町○-○-○	
	住民票上の住所	☑ 申立人と同じ 〒　－ 電話　（　）	
	実際に住んでいる場所	□ 住民票上の住所と同じ 〒○○○-○○○○　※ 病院や施設の場合は，所在地，名称，連絡先を記載してください。 ○○県○○市○○町○-○-○ 病院・施設名（ ○○病院 ）電話 ○○○（○○○○）○○○○	
	ふりがな	しゅうわ　しすお	□ 大正 ☑ 昭和　○○年○○月○○日 生 □ 平成　（ ○○ 歳）
	氏名	秀和 知須夫	

申立ての趣旨

※ 該当する部分の□にレ点（チェック）を付してください。

☑ 本人について**後見**を開始するとの審判を求める。

□ 本人について**保佐**を開始するとの審判を求める。

※ 以下は，必要とする場合に限り，該当する部分の□にレ点（チェック）を付してください。なお，保佐開始申立ての場合，民法１３条１項に規定されている行為については，同意権付与の申立ての必要はありません。

□ 本人のために**別紙代理行為目録記載**の行為について保佐人に**代理権**を付与するとの審判を求める。

□ 本人が民法１３条１項に規定されている行為のほかに，下記の行為（日用品の購入その他日常生活に関する行為を除く。）をするにも，保佐人の**同意**を得なければならないとの審判を求める。

記

□ 本人について**補助**を開始するとの審判を求める。

※ 以下は，少なくとも１つは，該当する部分の□にレ点（チェック）を付してください。

□ 本人のために**別紙代理行為目録記載**の行為について補助人に**代理権**を付与するとの審判を求める。

□ 本人が**別紙同意行為目録**記載の行為（日用品の購入その他日常生活に関する行為を除く。）をするには，補助人の**同意**を得なければならないとの審判を求める。

申立ての理由

本人は，（※ **認知症** ）により
判断能力が欠けているのが通常の状態又は判断能力が（著しく）不十分である。

※ 診断書に記載された診断名（本人の判断能力に影響を与えるもの）を記載してください。

申立ての動機

※ 該当する部分の□にレ点（チェック）を付してください。

本人は，

☑ 預貯金等の管理・解約 □ 保険金受取 ☑ 不動産の管理・処分 ☑ 相続手続
□ 訴訟手続等 □ 介護保険契約 □ 身上保護（福祉施設入所契約等）
□ その他（ ）

の必要がある。

※ 上記申立ての理由及び動機について具体的な事情を記載してください。書ききれない場合は別紙★を利用してください。★Ａ４サイズの用紙をご自分で準備してください。

本人は、約○年前から認知症を患い、○○病院に入院している。症状が回復する見込みはなく、日常で必要な買い物なども1人で行えない状態となっている。

令和○年○月に本人の兄である秀和見太郎が死亡し、遺産分割の必要性が生じたため本件を申し立てている。申立人も持病の悪化が懸念されており、成年後見人には健康状態に問題のない秀和知夏（長女）の選任を求めたい。

付録

<table>
<tr><td rowspan="4">成年後見人等候補者</td><td colspan="2">□ 家庭裁判所に一任　※　以下この欄の記載は不要
□ 申立人　※　申立人が候補者の場合は，以下この欄の記載は不要
☑ 申立人以外の〔 ☑ 以下に記載の者　□ 別紙★に記載の者 〕★A４サイズの用紙をご自分で準備してください。</td></tr>
<tr><td>住　所</td><td>〒　－
申立人の住所と同じ
電話○○○（○○○○）○○○○　携帯電話○○○（○○○○）○○○○</td></tr>
<tr><td>ふりがな
氏　名</td><td>しゅうわ　ちか
秀和知夏
☑ 昭和　○○年○○月○○日 生
□ 平成　（　○○　歳）</td></tr>
<tr><td>本人との関係</td><td>☑ 親　族：□ 配偶者　□ 親　☑ 子　□ 孫　□ 兄弟姉妹
□ 甥姪　□ その他（関係：　）
□ 親族外：（関係：　）</td></tr>
</table>

手続費用の上申

□　手続費用については，本人の負担とすることを希望する。

※　申立手数料，送達・送付費用，後見登記手数料，鑑定費用の全部又は一部について，本人の負担とすることが認められる場合があります。

<table>
<tr><td>添付書類</td><td>※　同じ書類は本人１人につき１通で足ります。審理のために必要な場合は，追加書類の提出をお願いすることがあります。
※　個人番号（マイナンバー）が記載されている書類は提出しないようにご注意ください。
☑　本人の戸籍謄本（全部事項証明書）
☑　本人の住民票又は戸籍附票
☑　成年後見人等候補者の住民票又は戸籍附票
（成年後見人等候補者が法人の場合には，当該法人の商業登記簿謄本（登記事項証明書））
☑　本人の診断書
☑　本人情報シート写し
☑　本人の健康状態に関する資料
☑　本人の成年被後見人等の登記がされていないことの証明書
☑　本人の財産に関する資料
☑　本人が相続人となっている遺産分割未了の相続財産に関する資料
☑　本人の収支に関する資料
□（保佐又は補助開始の申立てにおいて同意権付与又は代理権付与を求める場合）同意権，代理権を要する行為に関する資料（契約書写しなど）
□　成年後見人等候補者が本人との間で金銭の貸借等を行っている場合には，その関係書類（後見人等候補者事情説明書４項に関する資料）</td></tr>
</table>

付録⑤　申立事情説明書の記入例

【令和３年４月版】
（令和３年１１月修正）

申　立　事　情　説　明　書

※　申立人が記載してください。申立人が記載できないときは，本人の事情をよく理解している方が記載してください。
※　記入式の質問には，自由に記載してください。選択式の質問には，該当する部分の□にチェックを付してください。

令和　○　年　○　月　○　日

作成者の氏名　　**秀和 知須夫**　　　　　　印
（作成者が申立人以外の場合は，本人との関係：＿＿＿＿＿＿＿＿）

作成者（申立人を含む。）の住所
☑　申立書の申立人欄記載のとおり
□　次のとおり
〒＿＿＿－＿＿＿＿
住所：＿＿＿＿＿＿＿＿＿＿＿＿＿＿＿＿＿＿

裁判所からの電話での連絡について
平日（午前９時～午後５時）の連絡先：電話　　○○○（○○○○）○○○○
（□携帯・□自宅・□勤務先）

・　裁判所名で電話することに支障がありますか。　□電話してもよい　□支障がある
・　裁判所から連絡するに当たり留意すべきこと（電話することに支障がある時間帯等）があれば記載してください。

特になし

【本人の状況について】

1　本人の生活場所について

(1)　現在の生活場所について
□　自宅又は親族宅
同居者　→　□　なし（１人暮らし）
□　あり　※　同居している方の氏名・本人との続柄を記載してください。
（氏名：＿＿＿＿＿＿＿＿　本人との続柄：＿＿＿＿＿　）
（氏名：＿＿＿＿＿＿＿＿　本人との続柄：＿＿＿＿＿　）
（氏名：＿＿＿＿＿＿＿＿　本人との続柄：＿＿＿＿＿　）
最寄りの公共交通機関（※　わかる範囲で記載してください。）
（電車）最寄りの駅：＿＿＿＿＿線＿＿＿＿＿駅
（バス）最寄りのバス停：＿＿＿＿＿バス（＿＿＿＿＿行き）＿＿＿＿＿下車
☑　病院又は施設（入院又は入所の日：昭和・(平成)・令和＿○＿年＿○＿月＿○＿日）
名　称：＿○○病院＿＿＿＿
所在地：〒○○○－○○○○
○○県○○市○○町○-○-○
担当職員：氏名：＿○○ ○○＿＿　役職：＿○○＿＿
連絡先：電話＿○○○（○○○○）○○○○＿

最寄りの公共交通機関（※　わかる範囲で記載してください。）
（電車）最寄りの駅：　○○　線　○○　駅
（バス）最寄りのバス停：＿＿＿＿バス（＿＿＿＿行き）＿＿＿＿下車

(2)　転居，施設への入所や転院などの予定について
※　申立後に転居・入院・転院した場合には，速やかに家庭裁判所までお知らせください。
☑　予定はない。
☐　予定がある。（☐　転居　☐　施設への入所　☐　転院）
時期：令和　年　月頃
施設・病院等の名称：＿＿＿＿
転居先，施設・病院等の所在地：〒＿＿－＿＿

2　本人の略歴（家族関係（結婚，出産など）及び最終学歴・主な職歴）をわかる範囲で記載してください。

年　月	家族関係	年　月	最終学歴・主な職歴
昭○・○	出生	昭○・○	○○を卒業
昭○・○	成子と結婚	昭○・○	株式会社秀和システムに就職
昭○・○	知夏が出生	平○・○	定年のため同社退社
・		・	
・		・	

3　本人の病歴（病名，発症時期，通院歴，入院歴）をわかる範囲で記載してください。

病　　名：　認知症
発症時期：平成○　年　○　月頃
通 院 歴：平成○　年　○　月頃　～　年　月頃
入 院 歴：平成○　年　○　月頃　～　年　月頃

病　　名：＿＿＿＿
発症時期：　年　月頃
通 院 歴：　年　月頃　～　年　月頃
入 院 歴：　年　月頃　～　年　月頃

4　福祉に関する認定の有無等について
※　当てはまる数字を○で囲んでください。
☑　介護認定　（認定日：平成○　年　○　月）
☐　要支援（1・2）　☑　要介護（1・2・③・4・5）
☐　非該当　☐　認定手続中

□ 障害支援区分（認定日：________年________月）
　□ 区分（1・2・3・4・5・6）　　□ 非該当　　□ 認定手続中
□ 療育手帳（愛の手帳など）　　（手帳の名称：________________）（判定：____________）
□ 精神障害者保健福祉手帳　　（1・2・3　級）
□ 身体障害者手帳　　（1・2・3・4・5・6　級）
□ いずれもない。

5　本人の日常・社会生活の状況について

☑ 本人情報シート写しを提出する。
　※　以下の(1)から(6)までの記載は不要です。
□ 本人情報シート写しを提出しない。
　※　以下の(1)から(6)までについて，わかる範囲で記載してください。

(1)　身体機能・生活機能について

ア　食事，入浴，着替え，移動等の日常生活に関する支援の要否を記載してください。なお，自宅改修や福祉器具等を利用することで他者の支援なく日常生活を営むことができている場合には，「支援の必要はない。」にチェックを付してください。

　□ 支援の必要はない。
　☑ 一部について支援が必要である。
　　※　必要な支援について具体的に記載してください。
　　　入浴、着替えの介助が必要
　□ 全面的に支援が必要である。

イ　今後，支援等に関する体制の変更や追加的対応が必要な場合は，その内容等を記載してください。

私自身も持病を持っているため、本人退院後の本人との同居は難しい。老人ホームへの入所を検討している。

(2)　認知機能について

日によって変動することがあるか：☑ あり　□ なし
※　以下のアからエまでにチェックを付してください（「あり」の場合は，良い状態を念頭にチェックを付してください。）。

ア　日常的な行為に関する意思の伝達について
　※　「日常的な行為」は，食事，入浴等の日課や来訪する福祉サービス提供者への対応など，普段の本人の生活環境の中で行われるものを想定してください。
　□ 意思を他者に伝達できる。
　　（日常生活上問題ない程度に自らの意思を伝達できる。）
　☑ 伝達できない場合がある。
　　（正確な意思を伝えることができずに日常生活上問題を生じることがある。）
　□ ほとんど伝達できない。
　　（空腹である，眠いなどごく単純な意思を伝えることはできるが，それ以外の意思については伝えることができない。）
　□ できない。

付録

（ごく単純な意思も伝えることができない。）

イ　日常的な行為に関する理解について
- □　理解できる。
  （起床・就寝の時刻や，食事の内容等について回答することができる。）
- ☑　理解できない場合がある。
  （上記の点について，回答できるときとできないときがある。）
- □　ほとんど理解できない。
  （上記の点について，回答できないことが多い。）
- □　理解できない。
  （上記の点について，基本的に回答することができない。）

ウ　日常的な行為に関する短期的な記憶について
- □　記憶できる。
  （直前にしていたことや示したものなどを正しく回答できる。）
- ☑　記憶していない場合がある。
  （上記の点について，回答できるときとできないときがある。）
- □　ほとんど記憶できない。
  （上記の点について，回答できないことが多い。）
- □　記憶できない。
  （上記の点について，基本的に回答することができない。）

エ　本人が家族等を認識できているかについて
- □　正しく認識している。
  （日常的に顔を合わせていない家族又は友人等についても会えば正しく認識できる。）
- ☑　認識できていないところがある。
  （日常的に顔を合わせている家族又は友人等は基本的に認識できるが，それ以外は難しい。）
- □　ほとんど認識できていない。
  （日常的に顔を合わせている家族又は友人等と会っても認識できないことが多い。）
- □　認識できていない。
  （日常的に顔を合わせている家族又は友人・知人と会っても基本的に認識できない。）

(3)　日常・社会生活上支障となる行動障害について

※　「行動障害」とは，外出すると戻れない，物を壊す，大声を出すなど，社会生活上，場面や目的からみて不適当な行動のことをいいます。

□　支障となる行動はない。　　□　支障となる行動はほとんどない。
☑　支障となる行動がときどきある。　□　支障となる行動がある。

※　支障となる行動の具体的内容及び頻度等を記載するとともに，当該行動について支援が必要な場合は，その支援の具体的内容を併せて記載してください。

病院内でトイレに行くとき、場所がわからないということがたまにある。トイレへの付き添いが必要。

(4) 社会・地域との交流頻度について

ア 家族・友人との交流，介護サービスの利用，買い物，趣味活動等によって，本人が日常的にどの程度，社会・地域と接点を有しているかについて，その交流する頻度を回答してください。

☑ 週１回以上　□ 月１回以上　□ 月１回未満

イ 交流内容について具体的に記載してください。

週１回は必ず家族がお見舞いに行っている。会話時間は約20～30分ほど。

(5) 日常の意思決定について

※「日常の意思決定」とは，毎日の暮らしにおける活動に関する意思決定のことをいいます。

□ できる。
（毎日の暮らしにおける活動に関して，あらゆる場面で意思決定できる。）

☑ 特別な場合を除いてできる。
（テレビ番組や献立，服の選択等については意思決定できるが，治療方針等や居住環境の変更の決定は指示・支援を必要とする。）

□ 日常的に困難である。
（テレビ番組や献立，服の選択等についてであれば意思決定できることがある。）

□ できない。
（意思決定が全くできない，あるいは意思決定できるかどうか分からない。）

(6) 金銭の管理について

※「金銭の管理」とは，所持金の支出入の把握，管理，計算等を指します。

□ 本人が管理している。
（多額の財産や有価証券等についても，本人が全て管理している。）

□ 親族又は第三者の支援を受けて本人が管理している。
（通帳を預かってもらいながら，本人が自らの生活費等を管理している。）
→支援者（氏名：＿＿＿＿＿＿　本人との関係：＿＿＿＿＿＿）
支援の内容（＿＿＿＿＿＿＿＿＿＿＿＿）

☑ 親族又は第三者が管理している。
（本人の日々の生活費も含めて第三者等が支払等をして管理している。）
→管理者（氏名：秀和 知夏　本人との関係：長女）
管理の内容（預貯金通帳の管理、日常に必要な物品、サービス費用の支払い）

【申立ての事情について】

1 本人について，これまで家庭裁判所の成年後見制度の手続を利用したり，どなたかとの間で任意後見契約を締結したことがありますか。

☑ なし

□ あり　→　＿＿＿＿年＿＿＿月頃

□ 家庭裁判所の成年後見制度の手続を利用したことがある。
利用した裁判所：＿＿＿＿家庭裁判所＿＿＿＿支部・出張所
事件番号：＿＿＿＿＿年（家）第＿＿＿＿号

□ 後見開始　□ 保佐開始　□ 補助開始　□ その他（＿＿＿＿＿＿）
申立人氏名：＿＿＿＿＿＿＿＿＿＿

□ 任意後見契約を締結したことがある。
公正証書を作成した公証人の所属：＿＿＿＿＿＿法務局
証書番号：＿＿＿＿＿年第＿＿＿＿＿＿号
証書作成年月日：＿＿＿＿年＿＿＿月＿＿＿日
登記番号：第＿＿＿＿＿－＿＿＿＿＿号
任意後見受任者氏名：＿＿＿＿＿＿＿＿＿＿

2　本人には，今回の手続をすることを知らせていますか。

※　本人が申立人の場合は記載不要です。

□ 申立てをすることを説明しており，知っている。
　申立てについての本人の意見　□ 賛成　□ 反対　□ 不明
　後見人等候補者についての本人の意見　□ 賛成　□ 反対　□ 不明
☑ 申立てをすることを説明したが，理解できていない。
□ 申立てをすることを説明しておらず，知らない。
□ その他（＿＿＿＿＿＿＿＿＿＿＿＿＿＿＿＿＿＿＿＿＿＿＿＿）

3　本人の推定相続人について

(1)　本人の推定相続人について氏名，住所等をわかる範囲で記載してください。

※　欄が不足する場合は，別紙★に記載してください。★Ａ４サイズの用紙をご自分で準備してください。

※　推定相続人とは，仮に本人が亡くなられた場合に相続人となる方々です。具体的には，「親族の意見書について」の２をご参照ください。

※　「意見１」欄にはこの申立てに関するその方の意見について，「意見２」欄には後見人等候補者に関するその方の意見について，該当する部分の□にそれぞれチェックを付してください。（「一任」とは，家庭裁判所の判断に委ねることを指します。）

氏　名	年齢	続柄	住　所	意見１	意見２
秀和 知夏	51	長女	〒 申立書に記載のとおり □ 親族の意見書記載のとおり □ 本人と同じ	☑ 賛成 □ 反対 □ 一任 □ 不明	☑ 賛成 □ 反対 □ 一任 □ 不明
			〒 □ 親族の意見書記載のとおり □ 本人と同じ	□ 賛成 □ 反対 □ 一任 □ 不明	□ 賛成 □ 反対 □ 一任 □ 不明
			〒 □ 親族の意見書記載のとおり □ 本人と同じ	□ 賛成 □ 反対 □ 一任 □ 不明	□ 賛成 □ 反対 □ 一任 □ 不明
			〒 □ 親族の意見書記載のとおり □ 本人と同じ	□ 賛成 □ 反対 □ 一任 □ 不明	□ 賛成 □ 反対 □ 一任 □ 不明
			〒 □ 親族の意見書記載のとおり □ 本人と同じ	□ 賛成 □ 反対 □ 一任 □ 不明	□ 賛成 □ 反対 □ 一任 □ 不明

			〒 □ 親族の意見書記載のとおり □ 本人と同じ	□ 賛成 □ 反対 □ 一任 □ 不明	□ 賛成 □ 反対 □ 一任 □ 不明
			〒 □ 親族の意見書記載のとおり □ 本人と同じ	□ 賛成 □ 反対 □ 一任 □ 不明	□ 賛成 □ 反対 □ 一任 □ 不明
			〒 □ 親族の意見書記載のとおり □ 本人と同じ	□ 賛成 □ 反対 □ 一任 □ 不明	□ 賛成 □ 反対 □ 一任 □ 不明

(2) (1)で挙げた方のうち，この申立てに反対の意向を示している方や意向が不明な方，親族の意見書を提出していない方がいる場合には，その方の氏名及びその理由等を具体的に記載してください。

氏　　名	理由等
	□ 親族の意見書記載のとおり
	□ 親族の意見書記載のとおり
	□ 親族の意見書記載のとおり
	□ 親族の意見書記載のとおり
	□ 親族の意見書記載のとおり

4 本人に関し何らかの相談をし又は何らかの援助を受けた福祉機関があれば，チェックを付して，その名称を記載してください。

☑ 地域包括支援センター（名称：○○○○○○○）
□ 権利擁護センター　（名称：　　　　　　　）
□ 社会福祉協議会　　（名称：　　　　　　　）
□ その他　　　　　　（名称：　　　　　　　）
□ 相談をし又は援助を受けた福祉機関はない。

5 成年後見人等候補者がいる場合は，その方が後見人等にふさわしい理由を記載してください。また，家庭裁判所に一任する（家庭裁判所の判断に委ねる）場合には，その理由や事情（例：近隣に候補者となる親族がいないなど）を記載してください。

※ 家庭裁判所の判断により，候補者以外の方を成年後見人等に選任する場合があります。

本人の状況に一番詳しいため。長女である私が○年前から同居しており、本人入院後の病院との連絡もすべて私が行っています。

6　**家庭裁判所まで本人が来ることは可能ですか。**

☑ 可能である。
☐ 不可能又は困難である。
　理由：

7　**本人に申立ての事情等をお伺いする場合の留意点（本人の精神面に関し配慮すべき事項等）があれば記載してください。**

日程調整については，本人入院先である○○病院の担当○○さん（電話番号○○－○○○○－○○○○）への連絡をお願いします。

付録⑥　委任及び任意後見並びに死後事務委任契約のひな型

第1委任契約

第1条（契約の趣旨）

甲は、乙に対し、令和○○年○○月○○日甲の生活、療養監護及び財産の管理に関する事務を委任し、乙はこれを受任した（以下「本件委任契約」という。）。

第2条（任意後見契約との関係）

1本件委任契約締結後、甲が、任意後見契約に関する法律第4条第1項に定める「精神上の障害により事理を弁識する能力が不十分な状況」、すなわち、甲の判断能力が不十分な状況になり、乙において後記第2の任意後見契約による後見事務を行うことが相当と認められる状況になったときは、乙は、家庭裁判所に対し、任意後見監督人の選任の請求をしなければならない。

2本件委任契約は、後記第2の任意後見契約につき任意後見監督人が選任され、同契約が効力を生じた時に終了する。

第3条（委任事務の範囲）

1甲が乙に委任する事務（以下、「本件委任事務」という。）は、次のとおりとする。

①当面は、乙が甲と定期的に連絡を取り、又は甲方を訪問するなどして、甲の日常生活を

見守るとともに、生活に関する相談に乗ること。

②甲が、高齢者施設に入所若しくは病院等医療施設に長期間入院したとき、又は、在宅生活を続けている場合においても、週○回以上ホームヘルパーの訪問介護を受けるようになったときからは、別紙「代理権目録Ⅰ（委任契約）」記載の事務。

付録

③上記②の段階に至らない場合であっても、甲が任意に別紙「代理権目録Ⅰ（委任契約）」記載の事務の一部を指定したときは、その事務。２前項②及び③の場合においては、甲は乙に対し、当該委任事務の処理のための代理権を付与する。

第４条（乙の義務）
乙は、本件委任契約の趣旨及び甲の意思を尊重し、善良な管理者の注意をもって、委任事務にあたらなければならない。

第５条（証書等の引渡し等）
１甲は、乙に対し、本件委任事務処理のために必要と認める範囲で、適宜の時期に次の証書等を引き渡す。
①実印・銀行印、②印鑑登録カード・住民基本台帳カード、③マイナンバーカード、④預貯金通帳、⑤各種キャッシュカード、⑥有価証券·その預り証、⑦年金関係書類、⑧後期高齢者医療保険証・介護保険証
２乙は、前項の証書等の引渡しを受けたときは、甲に対し、預り証を交付したうえ、同証書を保管し、これを本件委任事務処理のため使用することができる。

第６条（事務処理費用の負担）乙が本件委任事務を処理するために必要な費用は甲が負担するものとし、乙は、この支出に先立って、その管理する甲の財産から支払いを受けることができる。

第７条（報酬）
甲は、乙に対し、本件委任事務処理に関する報酬として、次の金額を支払う。
①甲が第３条第１項①の状況にとどまるときは、無報酬とする。
②甲が同条同項②の状況になったときは、定額報酬として、毎月○○万円（消

費税別）を毎月末日限り、支払う。

③別紙「代理権目録Ⅰ（委任契約）」第１項から第７項記載の委任事務処理については、乙が事務処理に要した時間1時間当たり○○円（消費税別）とし、その事務処理が完了したときに支払う。

④別紙「代理権目録Ⅰ（委任契約）」第８項及び第９項記載の委任事務処理については、１件につき○○万円（消費税別）とし、その事務が完了したときに、支払う。

２甲及び乙は、前項各号の定めにかかわらず、甲の生活状況及びその他正当の理由がある時は甲及び乙の書面による合意をもって、報酬の支払時期を変更することができる。

付録

第８条（書類の作成及び報告）

１乙は、本件委任事務を処理するにあたり、次の各書類を作成し、かつ、これらの書類を５年間保存しなければならない。

①本件委任契約成立時における甲の財産目録

②本件委任事務に関する会計帳簿

③本件委任事務に関する事務処理日誌

④本件委任契約終了時における甲の財産目録

２乙は、甲に対し、○か月ごとに、本件委任事務の処理状況についての報告書を作成し、前項②及び③の書類を添付して、その状況を報告するものとする。

３甲は、乙に対し、いつでも、本件委任事務の処理状況について報告を求めることができる。

第９条（守秘義務）

乙は、本件委任事務に関連して知り得た甲のプライバシーに関する情報を、正当な理由なく第三者に開示してはならない。

第１０条（契約の変更）

本件委任契約に定める代理権の範囲を変更する契約は、公正証書によってしなければならない。

第１１条（契約の解除）

甲及び乙は、いつでも本件委任契約を解除することができる。ただし、この解除は公証人の認証を受けた書面によって、しなければならない。

第１２条（契約の終了）

１本件委任契約は、第２条第２項に定める場合のほか、次の場合に終了する。

①甲又は乙が死亡したとき

②甲又は乙が破産手続き開始決定を受けたとき

③乙が後見開始の審判を受けたとき

２本件委任契約が終了したときは、乙は、その管理する甲の財産及び第８条第１項の各書類並びに第５条第１項の証書類を、甲又はその法定代理人、遺言執行者、相続人又は相続財産管理人に対し、この順序に従って引き渡すものとする。

第2任意後見契約

第1条（契約の趣旨）

甲は、乙に対し、令和○○年○○月○○日、任意後見契約に関する法律第4条第1項に定める「精神上の障害により事理を弁識する能力が不十分な状況」、すなわち甲の判断能力が不十分な状況になった場合に、甲の生活、療養監護及び財産の管理に関する事務（以下「後見事務」という。）を行うことを委任し、乙は、これを受任した（以下「本件任意後見契約」という。）。

第2条（契約の発効）

1本件任意後見契約は、家庭裁判所において、乙の後見事務を監督する任意後見監督人が選任された時からその効力を生じる。

2甲が、任意後見契約に関する法律第4条第1項に定める「精神上の障害により事理を弁識する能力が不十分な状況」、すなわち、甲の判断能力が不十分な状況になり、乙においてこの契約による後見事務を行うことが相当と認められる状況になったときは、乙は、家庭裁判所に対し、任意後見監督人の選任の請求をしなければならない。

第3条（後見事務の範囲）

甲は、乙に対し、別紙「代理権目録Ⅱ（任意後見契約）」記載の後見事務（以下、「本件後見事務」という。）を委任し、その事務処理のための代理権を付与する。

第4条（身上配慮の責務等）

乙は、後見事務を処理するに当たっては、甲の意思を尊重し、かつ、甲の身上に配慮するものとし、その事務処理のため、適宜甲と面接し、ヘルパーその他日常生活援助者から甲の生活状況につき報告を求め、甲の主治医その他医療関係者から甲の心身の状況につき説明を受けることなどにより、甲の生活状況及び健康状態の把握に努めるものとする。

第5条（証書等の保管等）

1乙は、甲から、本件後見事務を行うため、①実印･銀行印、②印鑑登録カード･住民基本台帳カード、③マイナンバーカード、④預貯金通帳、⑤各種キャッシュカード、⑥有価証券・その預り証、⑦年金関係書類、⑧後期高齢者医療保険証・介護保険証⑨登記済権利証、⑩重要な契約書類、⑪その他必要な書類、等の引渡しを受けたときは、甲に対し、その明細及び保管方法を記載した預り証を交付する。

2乙は、本件任意後見契約の効力発生後、甲以外の者が前項記載の書類等を所持しているときは、その者からこれらの書類等の引渡しを受けて、自らこれを保管することができる。

3乙は、本件後見事務を処理するために、上記の証書等を使用するほか、必要な範囲で本件後見事務に関連すると思われる郵便物等を開封することができる。

第6条（書類の作成）

乙は、本件後見事務を処理するに当たり、次の各書類を作成し保存するものとする。

①任意後見監督人選任時における財産目録、預貯金等目録及び証書等保管目録

②本件後見事務に関する会計帳簿、事務処理日誌

③本件後見契約終了時における事務引継関係書類、財産目録及び預貯金目録

第7条（費用の負担）

乙が本件後見事務を行うために必要な費用は甲が負担するものとし、乙は、

その管理する甲の財産からこれを支出することができる。

第8条（報酬）

1甲は、乙に対し、本件後見事務処理に関する報酬として、次の金額を支払う。

①定期報酬として、毎月○万円（消費税別）を、翌月1日限り、支払う。

②別紙「代理権目録Ⅱ（任意後見契約）」第2項記載の委任事務処理についての報酬は、1件につき、財産の価額の○パーセントとし、その事務が完了したときに、支払う。

③別紙「代理権目録Ⅱ（任意後見契約）」第7項及び第8項記載の委任事務処理についての報酬は、1件につき○万円（消費税別）とし、その事務処理が完了したときに、支払う。

2前項の報酬額及び支払の時期が次の事由により不相当となったときは、甲及び乙は、任意後見監督人と協議のうえ、これを変更することができる。

①甲の生活状況又は健康状態の変化

②経済情勢の変動

③その他前項の報酬額及び支払の時期を不相当とする特段の事情の発生

3前項の変更契約は、公正証書によってしなければならない。

4甲がその意思を表示することができない状況にあるときは、乙は、任意後見監督人の書面による同意を得て、第2項の変更契約を締結することができる。

5乙は、その管理する甲の財産から上記報酬の支払いを受けることができる。

第9条（報告）

1乙は、甲及び任意後見監督人に対し、○か月ごとに本件後見事務に関する次の事項について、書面により報告するものとする。

①乙の管理する甲の財産の管理状況

付録

②甲を代理して取得した財産の内容、取得の時期・理由・相手方及び甲を代理して処分した財産の内容、処分の時期・理由・相手方
③甲を代理して受け取った金銭及び支払った金銭の管理状況
④甲の身上監護について行った措置
⑤費用の支出及び支出した時期・理由・相手方
⑥報酬の収受状況
２乙は、任意後見監督人の要求がある場合には、速やかに求められた事項について報告するものとする。

第１０条（守秘義務）
乙は、本件後見事務処理に関連して知り得た甲のプライバシーに関する情報を、正当な理由なく第三者に開示してはならない。

第１１条（契約の解除）
１任意後見監督人が選任される前においては、甲又は乙は、いつでも、公証人の認証を受けた書面によって、当事者間の本件任意後見契約を解除することができる。
２任意後見監督人が選任された後においては、甲又は乙は、正当な事由がある場合に限り、家庭裁判所の許可を得て、当事者間の本件任意後見契約を解除することができる。

第１２条（契約の終了）
１本件任意後見契約は、次の場合に終了する。
①甲又は乙が死亡したとき
②甲又は乙が破産手続き開始決定を受けたとき
③乙が後見開始の審判を受けたとき
④乙が任意後見人を解任されたとき

⑤甲が、本件任意後見契約の発効後に、法定後見開始の審判を受けたとき
⑥本件任意後見契約が解除されたとき
２本件任意後見契約の発効後に前項各号の事由が生じたときは、甲又は乙は、速やかにその旨を任意後見監督人に通知し、任意後見契約終了の登記を申請しなければならない。

第１３条（契約終了時の書類等の引継ぎ）
１本件任意後見契約が甲の死亡以外の事由により終了したときは、乙は、その管理する甲の財産並びに第５条の証書類及び第６条の各書類を、甲又はその法定代理人若しくはその指定する者に引き渡すものとする。
２本件任意後見契約が甲の死亡により終了したときは、乙は、その管理する甲の財産並びに第５条の証書類及び第６条の各書類を、甲の遺言執行者、相続人又は相続財産管理人に対し、この順序に従って、引き渡すものとする。

第3死後事務の委任契約

第1条（契約の締結）
甲及び乙は、上記第1及び第2の各契約を補完するものとして、甲の死亡後の事務処理について次のとおり合意する。
第2条（委任事務の範囲）
1甲は、乙に対し、甲の死後の事務（以下「死後委任事務」という。）として、下記の事柄を委任する。

記

①甲の生前に発生した上記委任事務及び任意後見事務に関わる債務その他医療費、施設利用費、公租公課等の債務の弁済
②入院保証金、入居一時金その他の債権の受領
③死亡届その他死亡に伴い発生する諸手続に関する事務一切
④甲の葬儀埋葬及び納骨を執行するに必要とする諸手続に関する事務一切
⑤身辺の整理、年金関係等の各種届に関する事務一切
⑥その他の諸手続に関する事務一切
2甲は、乙に対し、前項の事務処理をするにあたり、乙が復代理人を選任することを承諾する。

第3条（費用の負担）
乙が、死後委任事務を処理するために必要な費用は乙の管理する甲の遺産から支出するものとする。

第4条（報酬）
乙に対する報酬は○○万円支払うものとする。
第5条（契約の解除）

甲及び乙は、いつでも死後事務の委任契約を解除できる。

第6条（管理財産の返還、清算）

死後委任事務が終了した場合、乙は、その管理する甲の財産から費用及び報酬を控除し、残余財産については、これを遺言執行者、相続人又は相続財産管理人に返還しなければならない。

以上

別紙

代理権目録Ⅰ（委任契約）

１甲の日常生活に必要な限度における、甲の所有する不動産その他財産の保存・管理に関する事項

２下記金融機関との預貯金及び信託並びに株式等の取引に関する事項

①○○銀行○○支店に有する一切の債権

②○○銀行○○支店に有する一切の債権

③上記以外の金融機関に有する一切の債権

ただし、上記金融機関との間の貸金庫使用契約の締結又は解約並びに貸金庫の開扉及び内容物の点検事務を含む。

３甲の日常生活に必要な物品の購入、その他の日常関連取引に関する事項

４甲あての郵便物その他の通信を受領し、本件委任事務に関連すると思われるものの開封

５甲の年金その他の社会保険給付等定期的な収入の受領及び公共料金等定期的な支出を要する費用の支払いに関する事項

６保険契約の締結、変更、解除、保険料の支払い、保険金の受領等保険契約に関する事項

７住民票、戸籍謄抄本、登記事項証明書の請求及び異動の変更手続並びに税

金の申告及び納付等を含め行政機関に対する請求、申告、受領、支払い等に関する事項

８医療契約、入退院契約、介護契約その他の福祉サービス利用契約、福祉施設入退所契約の締結、変更、解除、費用の支払いに関する事項

９要介護認定の申請及び認定に関する承認又は審査請求に関する事項

１０以上の各事項に関する一切の事項

以上

別紙

代理権目録Ⅱ（任意後見契約）

１不動産、動産、預貯金等すべての財産の保存、管理に関する事項

２不動産、動産、その他重要な財産の処分、賃貸借契約の締結、変更、解除等に関する事項

３金融機関、証券会社及び保険会社とのすべての取引に関する事項

４甲の生活費の送金及び生活に必要な財産の取得、物品の購入、その他日常関連取引に関する事項

５定期的な収入の受領及び費用の支払いに関する事項

６住民票、戸籍謄抄本、登記事項証明書の請求及び異動等の変更手続き、税金の申告・納付等行政機関に対する請求、申告、支払い等に関する事項

７医療契約、入退院契約、介護契約その他の福祉サービス利用契約、福祉施設入退所契約に関する事項

８要介護認定の申請及び認定に関する承認又は審査請求に関する事項

９シルバー資金融資制度等の福祉関係融資制度利用に関する事項

１０以上の各事項に関する一切の事項

以上

付録⑦　そのほかの書式・記入例ダウンロード先

●最高裁判所

・後見等開始申立書の書式・記載例（記入例は172ページ）
・申立事情説明書の書式・記載例（記入例は175ページ）
・親族関係図の書式・記載例
・親族の意見書の書式・記載例
・財産目録の書式・記載例
・収支予定表の書式・記載例

・任意後見監督人専任申込書の書式・記載例

・成年後費用の診断書作成の手引き
・診断書付票作成の手引き

●東京法務局

・登記されていないことの証明書書式・記載例

●法務局

・後見人等の住所やその他に変更があった場合の申請書書式
・後見人が死亡した場合の終了登記申請書書式
・後見登記事項証明書の書式

索引

●は行

●ま行

●や行

●ら行

●アルファベット

●監修者プロフィール

長岡 真也（ながおか しんや）

長岡行政書士事務所代表。1984年12月8日生まれ。23歳の時に父親をガンで亡くしたことから、行政書士を志す。水道工事作業員の仕事に従事しながら、作業車に行政書士六法を持ち込んでは勉強を続け、2012年に27歳で合格。当時20代開業者は行政書士全体の中で1%を切るという少なさで、同年開業。以来、「印鑑1本で負担のない相続手続」をモットーに、横浜市で相続の悩みに直面する依頼者のために、誠実に寄り添っている。最近は安心して遺言書を作成する方々へ向け、事務所公式サイト上でコラムを発信しており、遺言書の普及に取り組んでいる。

長岡行政書士事務所公式サイト
https://yuigon-yokohama.com/

図解ポケット
成年後見制度がよくわかる本

発行日　2023年10月 5日　第1版第1刷
　　　　2024年 5月14日　第1版第2刷

著　者　成年後見制度実務研究会
監修者　長岡　真也

発行者　斉藤　和邦
発行所　株式会社　秀和システム
〒135-0016
東京都江東区東陽2-4-2　新宮ビル2F
Tel 03-6264-3105（販売）Fax 03-6264-3094
印刷所　三松堂印刷株式会社　Printed in Japan

ISBN978-4-7980-7007-0 C0032